Parabéns! A Coleção Akpalô tem um conteúdo digital completo e exclusivo esperando por você!

Para utilizar todos os recursos digitais da coleção, acesse o portal:
www.editoradobrasil.com.br/akpalo

Cadastre-se no portal e aproveite o conteúdo exclusivo!

1º - **Entre em Acesso ao conteúdo restrito**, clique em Cadastre-se e escolha a opção Aluno.

2º - **Digite o código de acesso**:

1009887A1016665

Você pode digitar todos os códigos que tiver! 😉

3º - **Preencha o cadastro** com suas informações.

Viu como é fácil? Acesse e transforme seus estudos em uma experiência única de aprendizado.

Editora do Brasil

Aline Correa

História

Palavra de origem africana que significa "contador de histórias, aquele que guarda e transmite a memória do seu povo"

Dados Internacionais de Catalogação na Publicação (CIP)
(Câmara Brasileira do Livro, SP, Brasil)

Correa, Aline
  Akpalô história, 1º ano / Aline Correa. – 3. ed. – São Paulo: Editora do Brasil, 2015. – (Coleção akpalô)

  ISBN 978-85-10-06092-9 (aluno)
  ISBN 978-85-10-06093-6 (professor)

  1. História (Ensino fundamental) I. Título. II. Série.

15-07141   CDD-372.89

Índices para catálogo sistemático:
1. História: Ensino fundamental 372.89

Editora do Brasil S.A., 2015
Todos os direitos reservados

Direção geral: Vicente Tortamano Avanso
Direção adjunta: Maria Lucia Kerr Cavalcante de Queiroz

Direção editorial: Cibele Mendes Curto Santos
Gerência editorial: Felipe Ramos Poletti
Supervisão editorial: Erika Caldin
Supervisão de arte, editoração e produção digital: Adelaide Carolina Cerutti
Supervisão de direitos autorais: Marilisa Bertolone Mendes
Supervisão de controle de processos editoriais: Marta Dias Portero
Supervisão de revisão: Dora Helena Feres
Consultoria de iconografia: Tempo Composto Col. de Dados Ltda.

Coordenação editorial: Priscilla Cerencio
Coordenação pedagógica: Josiane Sanson
Assistência editorial: Carolina Ocampos e Mariana Tomadossi
Apoio editorial: Stella Mesquita
Coordenação de revisão: Otacilio Palareti
Copidesque: Gisélia Costa e Ricardo Liberal
Revisão: Elaine Fares e Andréia Andrade
Coordenação de iconografia: Léo Burgos
Pesquisa iconográfica: Douglas Cometti e Cristiane Gameiro
Coordenação de arte: Maria Aparecida Alves
Assistência de arte: Letícia Santos
Design gráfico: Estúdio Sintonia
Capa: Maria Aparecida Alves
Imagem de capa: Rosinha
Ilustrações: Avelino Guedes, Camila Hortencio, Clarissa França, Danillo Souza, DKO Estúdio, Eduardo Belmiro, Erik Malagrino, Hélio Senatore, Marco Cortez, Marcos de Mello, Paulo José, Reinaldo Vignati, Ronaldo Barata e Simone Ziasch
Coordenação de editoração eletrônica: Abdonildo José de Lima Santos
Editoração eletrônica: Elbert Stein
Licenciamentos de textos: Cinthia Utiyama, Paula Harue Tozaki e Renata Garbellini
Coordenação de produção CPE: Leila P. Jungstedt
Controle de processos editoriais: Beatriz Villanueva, Bruna Alves, Carlos Nunes e Rafael Machado

3ª edição / 2ª impressão, 2017
Impresso na São Francisco Gráfica e Editora

Rua Conselheiro Nébias, 887 – São Paulo/SP – CEP 01203-001
Fone: (11) 3226-0211 – Fax: (11) 3222-5583
www.editoradobrasil.com.br

Querido aluno,

Você, com certeza, tem muitas histórias para contar, de seu dia a dia, dos anos que já passaram e tantas outras que poderiam estar em um livro. Isso acontece porque a história é construída diariamente, seja a sua, da sua cidade ou do seu país.

Neste livro, você vai compreender de que modo está inserido na comunidade e pode participar do presente e do futuro dela, de seu estado e de seu país.

Para que se torne um cidadão responsável, você vai aprender também as regras de convivência, as diferentes culturas e os direitos e deveres das pessoas, assim compreenderá que o respeito, a tolerância, a cooperação e a participação são atitudes indispensáveis para viver em sociedade.

A fim de que tudo isso se torne realidade, este livro traz muitas informações em imagens, textos e atividades.

Esperamos que aproveite bastante esta viagem pela história para que você possa colaborar para a construção de um mundo melhor a cada dia.

Conhecer o passado é manter viva a memória. Participar do presente é dever de todos para garantir um futuro brilhante.

Conheça a autora

Aline Correa
- Pós-graduada em História do Brasil
- Licenciada em História
- Professora de Ensino Fundamental e Médio

Conheça seu livro

Diálogo inicial: apresenta o tema do capítulo e algumas questões. Ao respondê-las, você se lembrará de coisas que já sabe e são importantes para iniciar o estudo do tema.

Baú de informações: traz textos informativos que aprofundam e complementam o conteúdo.

Valores e vivências: textos sobre saúde, meio ambiente, ética, formação cidadã, consumo etc. Você saberá mais sobre a maneira de cada um ser, ver, fazer e entender as diferentes situações do dia a dia.

Brincar e aprender: atividade descontraída e contextualizada com o capítulo, que revisa ou aprofunda o conteúdo de forma lúdica.

Olho vivo: apresentada no formato de lembrete, traz orientações específicas, dicas ou sugestões, e chama a atenção para aspectos importantes do que está sendo abordado.

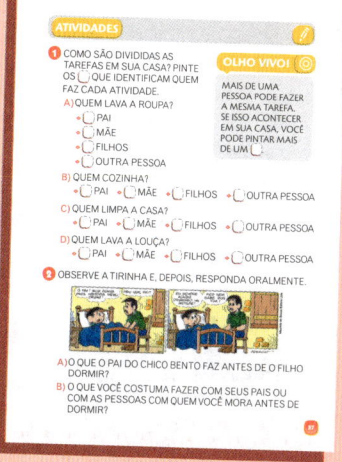

Atividades: é o momento de refletir sobre o conhecimento adquirido e fixá-lo. Em vários momentos você encontrará atividades interdisciplinares, isto é, que trabalham assuntos de duas ou mais disciplinas.

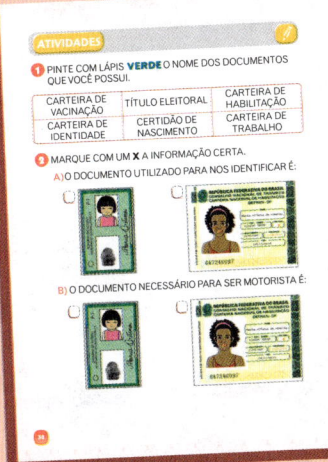

Para ir mais longe: gostou do assunto estudado e quer saber ainda mais? Aqui há dicas de livros, filmes e *sites* que poderão enriquecer seu repertório.

Um pouco mais sobre...: textos, músicas, poemas e outros gêneros artísticos trazem curiosidades sobre o tema estudado.

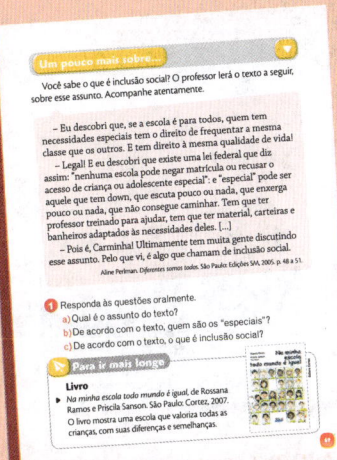

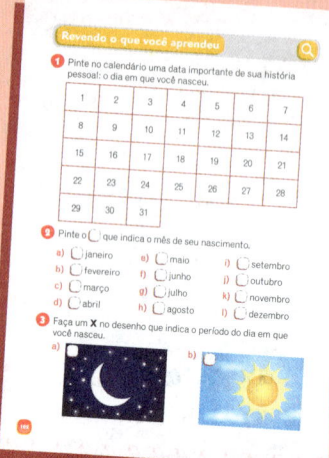

Revendo o que você aprendeu: por meio das atividades de revisão, você retomará os conteúdos explorados no capítulo e assimilará melhor o que estudou.

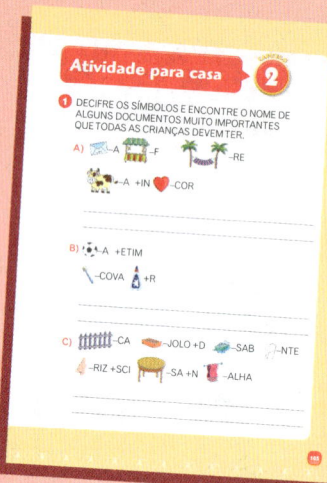

Atividades para casa: no final do livro há atividades de todos os capítulos para você fazer em casa, o que facilita o estudo.

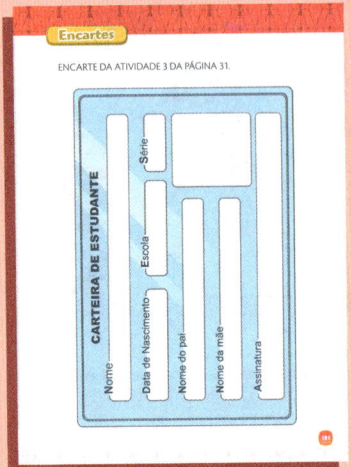

Encartes: materiais para recorte que complementam as atividades do livro.

Datas comemorativas: destaque para algumas datas festivas.

Sumário

Capítulo 1 ▸ Quem sou eu?...... 10
Somos todos iguais? 11
Cada um é de um jeito 15

Capítulo 2 ▸ Meus documentos .. 22
Meu primeiro documento 23

Capítulo 3 ▸ Viver em grupos ... 34
A importância de conviver............................... 35
Convivemos em diferentes grupos 38
Regras de convivência 42

Capítulo 4 ▸ Vivendo em família 50
Quem é quem na família 51
Diferentes famílias 52
Convivendo em família 56

Capítulo 5 ▸ Frequentando a escola 60
A escola 61
Quem é quem na escola 65
Regras e combinados para a boa convivência na escola 67

Capítulo 6 ▸ Brincar é um direito da criança... 72
Brincar sempre 73
Brincadeiras e brinquedos 76

Capítulo 7 ▸ Passagem do tempo 82
A passagem de um dia..................................... 83
A passagem do tempo em semanas e meses 88

Capítulo 8 ▸ A minha história ... 94
Cada um tem sua história 95
Registros da minha história 98

Atividades para casa 104

Datas comemorativas 113
Dia das Mães – 2º domingo de maio 113
Dia do Amigo – 20 de julho 115
Dia dos Pais – 2º domingo de agosto................116
Dia da Criança – 12 de outubro 119

Encartes 121

CAPÍTULO 1 — QUEM SOU EU?

DIÁLOGO INICIAL

Christopher Futher / Getty Images

1. TODAS AS PESSOAS SÃO IGUAIS?
2. EM SUA OPINIÃO, O QUE DIFERENCIA AS PESSOAS?

SOMOS TODOS IGUAIS?

OBSERVE ESTAS FOTOGRAFIAS. ELAS MOSTRAM CRIANÇAS COMO VOCÊ, MAS QUE VIVEM EM DIFERENTES LUGARES DO BRASIL.

OI! EU SOU A DANIELA E MORO NO PARÁ, NO NORTE DO BRASIL.

EU SOU A ALINE E MORO EM GOIÁS, NO CENTRO-OESTE DO BRASIL.

OI! EU SOU O LUCAS E MORO EM CURITIBA, NO SUL DO BRASIL.

OI! EU SOU O JOÃO E MORO EM SERGIPE, NO NORDESTE DO BRASIL.

EU SOU O ANTÔNIO E MORO NO ESPÍRITO SANTO, NO SUDESTE DO BRASIL.

ASSIM COMO ESSAS CRIANÇAS, CADA UM DE NÓS TEM UMA APARÊNCIA FÍSICA DIFERENTE. VOCÊ JÁ OBSERVOU O QUE DIFERENCIA CADA PESSOA E A TORNA ÚNICA?

ATIVIDADES

1 PINTE OS QUADRADINHOS QUE IDENTIFICAM SUAS CARACTERÍSTICAS FÍSICAS, OU SEJA, AS PARTES DE SEU CORPO.

A) OLHOS
- ☐ CASTANHOS
- ☐ PRETOS
- ☐ VERDES
- ☐ AZUIS
- ☐ PUXADOS
- ☐ REDONDOS
- ☐ GRANDES
- ☐ PEQUENOS
- ☐ MÉDIOS

> **OLHO VIVO!**
> VOCÊ PODE PINTAR MAIS DE UM QUADRADINHO EM CADA LISTA.

B) NARIZ
- ☐ GRANDE
- ☐ PEQUENO
- ☐ MÉDIO
- ☐ CURVO
- ☐ ACHATADO

C) PELE
- ☐ CLARA
- ☐ MORENA
- ☐ NEGRA
- ☐ COM SARDAS

D) ALTURA
- ☐ ALTO
- ☐ BAIXO
- ☐ MÉDIO

E) CABELO
- ☐ LISO
- ☐ CRESPO
- ☐ CURTO
- ☐ COMPRIDO
- ☐ MÉDIO
- ☐ CASTANHO
- ☐ LOURO
- ☐ RUIVO
- ☐ PRETO

F) **LÁBIOS**
- ☐ FINOS
- ☐ GRANDES
- ☐ MÉDIOS
- ☐ GROSSOS
- ☐ PEQUENOS

G) **PESO**
- ☐ GORDO
- ☐ MAGRO
- ☐ MÉDIO

2 AGORA DESENHE NO ESPAÇO ABAIXO COMO VOCÊ É FISICAMENTE.

PARA IR MAIS LONGE

LIVRO
▶ *DIFERENTES SOMOS TODOS*, DE ALINA PERLMAN. SÃO PAULO: EDIÇÕES SM, 2005.
O LIVRO ABORDA ASPECTOS REFERENTES ÀS DIFERENÇAS ENTRE AS PESSOAS, DESTACANDO A INCLUSÃO SOCIAL.

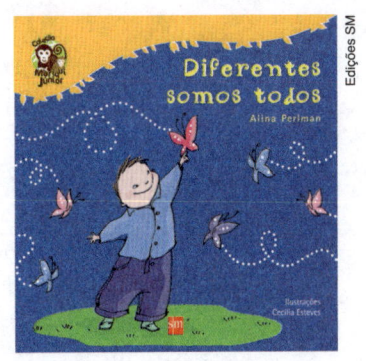

BAÚ DE INFORMAÇÕES

EXISTEM DUAS CARACTERÍSTICAS FÍSICAS MUITO IMPORTANTES PARA DIFERENCIAR AS PESSOAS: A **IMPRESSÃO DIGITAL** E A **ÍRIS**. NENHUMA PESSOA TEM ESSAS CARACTERÍSTICAS IGUAIS ÀS DE OUTRA.

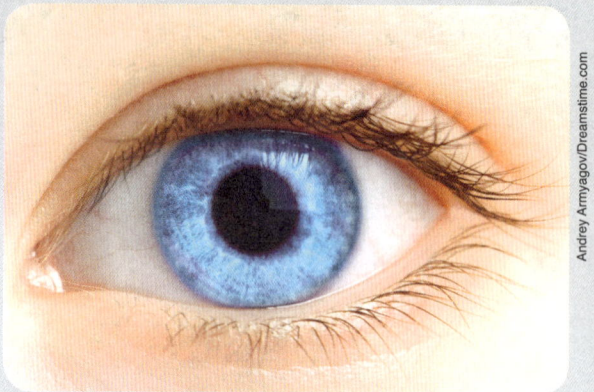

▶ A IMPRESSÃO DIGITAL É O DESENHO FORMADO POR LINHAS QUE TEMOS NAS PONTAS DOS DEDOS.

▶ A ÍRIS É A PARTE CIRCULAR E COLORIDA DO OLHO.

EXISTEM TAMBÉM PESSOAS QUE NASCEM COM MARQUINHAS OU SINAIS QUE AS IDENTIFICAM. OBSERVE ESTA FOTOGRAFIA.

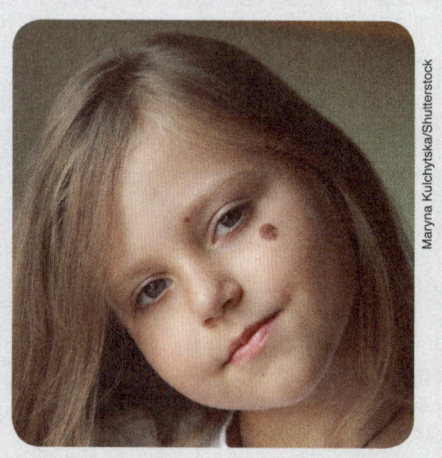

1 RESPONDA ÀS QUESTÕES ORALMENTE.

A) ONDE ESTÁ LOCALIZADA A MARQUINHA DA MENINA DA FOTOGRAFIA?

B) E VOCÊ, TEM ALGUMA MARQUINHA DE NASCENÇA? SE SIM, COMO ELA É? ONDE FICA?

CADA UM É DE UM JEITO

NÃO SÃO SOMENTE AS CARACTERÍSTICAS FÍSICAS QUE DIFERENCIAM AS PESSOAS.

O **JEITO DE SER**, DE SE VESTIR, DE PENSAR, OS GOSTOS, AS IDEIAS, AS OPINIÕES E AS PREFERÊNCIAS TAMBÉM TORNAM AS PESSOAS DIFERENTES UMAS DAS OUTRAS.

EXISTEM AINDA OS SENTIMENTOS, QUE IDENTIFICAM COMO A PESSOA ESTÁ SE SENTINDO EM CADA MOMENTO. ÀS VEZES ESTAMOS TRISTES; OUTRAS, ALEGRES. PODEMOS FICAR BRAVOS COM ALGUMA COISA, MAS LOGO NOS ACALMAMOS.

ATIVIDADES

1 DESENHE O QUE SE PEDE.

A) EU FICO 😀 QUANDO...

B) EU FICO ☹ QUANDO...

2 FAÇA UM DESENHO:

A) DA FRUTA DE QUE VOCÊ MAIS GOSTA;

C) DE SEU BRINQUEDO PREFERIDO;

B) COM A COR DE QUE VOCÊ MAIS GOSTA;

D) DE SUA ROUPA FAVORITA.

3 COMPARE OS SEUS DESENHOS COM OS DOS COLEGAS. TODOS GOSTAM DAS MESMAS COISAS?

VALORES E VIVÊNCIAS

DEVEMOS SEMPRE **RESPEITAR E ACEITAR** TODAS AS PESSOAS E SUAS DIFERENÇAS. SABENDO DISSO, CONVERSE COM OS COLEGAS E O PROFESSOR SOBRE OS TÓPICOS ABAIXO.

- SEMPRE RESPEITAMOS AS DIFERENÇAS E TRATAMOS AS PESSOAS DA MESMA MANEIRA?
- SE NÃO ESTAMOS FAZENDO ISSO, COMO PODEMOS MUDAR?

PARA IR MAIS LONGE

LIVRO

▶ *LUZ DE DENTRO OU DE FORA?*, DE NYE RIBEIRO, SÃO PAULO: EDITORA DO BRASIL, 2013.

O LIVRO APRESENTA QUESTÕES QUE ENVOLVEM OS SENTIMENTOS DE UMA CRIANÇA.

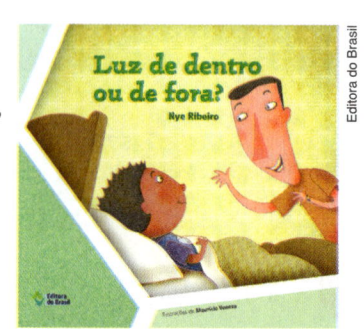

BRINCAR E APRENDER

LEIA O TEXTO A SEGUIR COM O PROFESSOR E FAÇA A ATIVIDADE.

SE VOCÊ FOSSE UM BICHO QUE TIPO DE BICHO GOSTARIA DE SER?

BICHO BRAVO, FEROZ, DE GARRAS AFIADAS?

BICHO MANSO E CARINHOSO DE PELO MACIO?

UM BICHO PREGUIÇOSO OU BICHO ENGRAÇADO?

UM BICHO QUE VOA LÁ NO ALTO DO CÉU?

UM BICHO QUE CORRE, OU QUE SE ARRASTA NO CHÃO?

BICHO ESPINHENTO OU PELUDO... UM BICHO--PAPÃO?

NYE RIBEIRO. *JEITO DE SER*. SÃO PAULO: EDITORA DO BRASIL, 2000. P. 6-9.

1 E VOCÊ, QUE BICHO GOSTARIA DE SER? FAÇA O DESENHO DELE EM UMA FOLHA À PARTE. DEPOIS, MOSTRE-O AOS COLEGAS E EXPLIQUE POR QUE VOCÊ ESCOLHEU ESSE BICHO.

REVENDO O QUE VOCÊ APRENDEU

1 ASSINALE UM **X** NA ALTERNATIVA CORRETA.

A) TODAS AS PESSOAS SÃO IGUAIS?
- ◇ ☐ SIM.
- ◇ ☐ NÃO.

B) O FORMATO E A COR DOS OLHOS SÃO DIFERENÇAS:
- ◇ ☐ NO JEITO DE SER.
- ◇ ☐ NA APARÊNCIA.

C) OS GOSTOS E AS PREFERÊNCIAS DIFERENCIAM AS PESSOAS:
- ◇ ☐ NO JEITO DE SER.
- ◇ ☐ NA APARÊNCIA.

D) A ÍRIS E A IMPRESSÃO DIGITAL:
- ◇ ☐ SÃO IGUAIS EM TODAS AS PESSOAS.
- ◇ ☐ SÃO DIFERENTES EM TODAS AS PESSOAS.

2 CADA PALAVRA A SEGUIR REPRESENTA UMA CARACTERÍSTICA. RESPONDA ORALMENTE: QUAL É A IDEIA CONTRÁRIA A CADA UMA DELAS? VEJA O EXEMPLO:

> SILENCIOSO – BARULHENTO

A) ALEGRE

B) CALADO

C) CORAJOSO

D) ORGANIZADO

E) ALTO

F) MAGRO

3 COM BASE NAS PISTAS A SEGUIR, DESCUBRA A PREFERÊNCIA DE CADA UMA DAS CRIANÇAS E CIRCULE A RESPOSTA CORRETA.

A)

GOSTO DE UMA FRUTA QUE EU POSSO DESCASCAR COM A MÃO.

B)

A BLUSA DE QUE MAIS GOSTO TEM A COR DO SOL.

CAPÍTULO 2 — MEUS DOCUMENTOS

DIÁLOGO INICIAL

1. VOCÊ SABE O QUE SÃO DOCUMENTOS?
2. EM SUA OPINIÃO, PARA QUE ELES SERVEM?
3. QUAIS DOCUMENTOS VOCÊ POSSUI?

⬥ MEU PRIMEIRO DOCUMENTO

O NASCIMENTO DE TODA CRIANÇA DEVE SER REGISTRADO EM UM DOCUMENTO QUE, NO BRASIL, CHAMA-SE **CERTIDÃO DE NASCIMENTO**. NELE HÁ DADOS IMPORTANTES, COMO O NOME, O SOBRENOME (QUE IDENTIFICA A FAMÍLIA DA QUAL FAZEMOS PARTE), O DIA, A HORA E O LOCAL DE NASCIMENTO, O NOME DOS PAIS E DOS AVÓS.

OBSERVE A SEGUIR COMO É UMA CERTIDÃO DE NASCIMENTO.

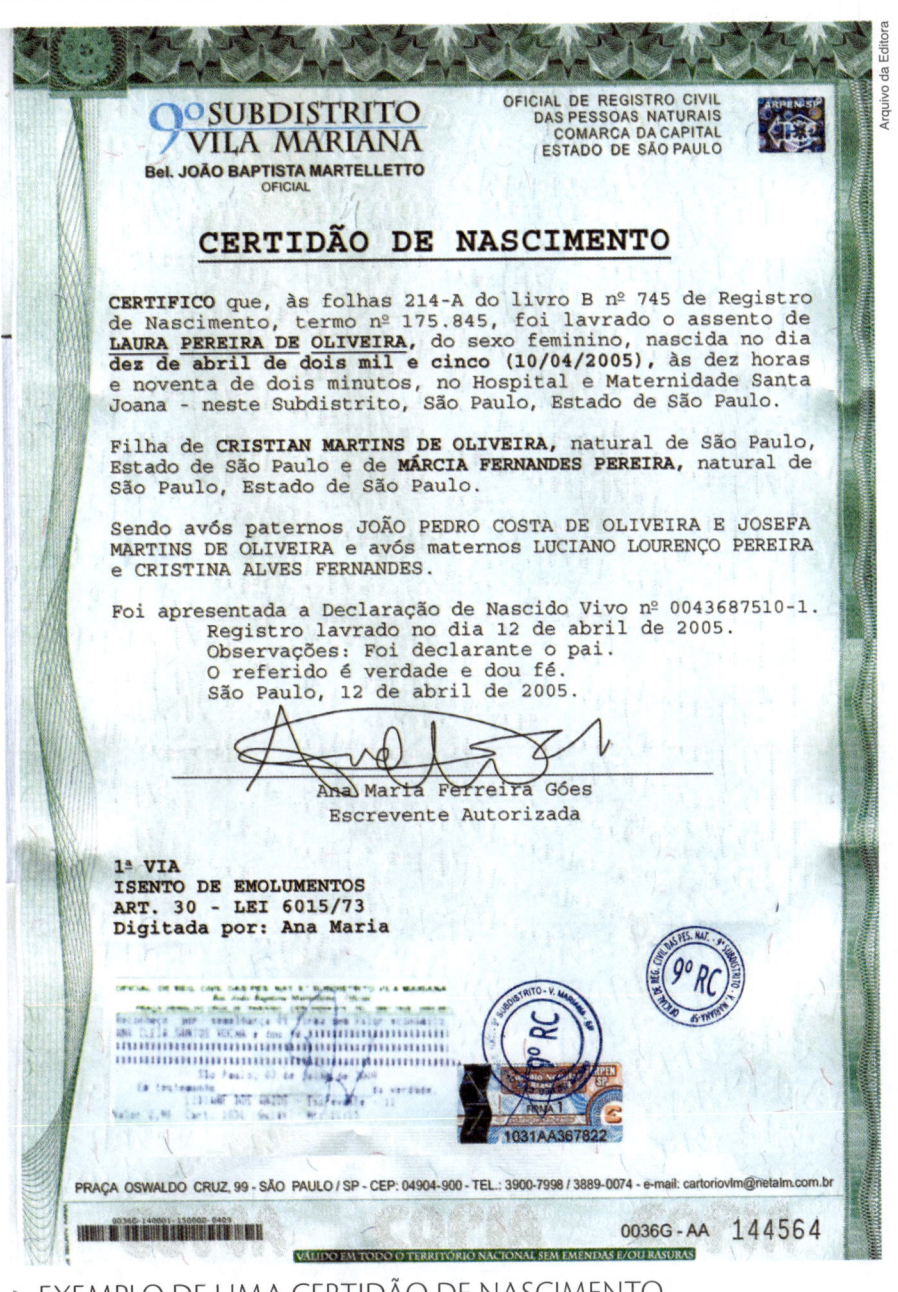

▶ EXEMPLO DE UMA CERTIDÃO DE NASCIMENTO.

ATIVIDADES

1 NA CERTIDÃO DE NASCIMENTO CONSTA NOSSO NOME E A DATA DE NOSSO NASCIMENTO.
RECORTE DE REVISTAS OU JORNAIS AS LETRAS QUE FORMAM SEU NOME E OS NÚMEROS QUE INDICAM O DIA EM QUE VOCÊ NASCEU. DEPOIS, COLE-OS NOS ESPAÇOS A SEGUIR.

A) MEU NOME

B) O DIA EM QUE EU NASCI

2 LEIA O TEXTO A SEGUIR COM O PROFESSOR E RESPONDA ÀS QUESTÕES ORALMENTE.

EU ERA UMA VEZ EU.

EU ERA UM MENINO QUE CHAMAVA LUÍS.

MINHA MÃE PENSAVA QUE EU ME CHAMAVA LUÍS FERNANDO, SÓ PORQUE ELA ESCOLHEU ESTE NOME NO DIA EM QUE EU NASCI E MANDOU PÔR NAQUELE PAPEL QUE TODO MUNDO TEM PROVANDO QUE EXISTE. CHAMA CERTIDÃO DE NASCIMENTO, EU SEI PORQUE EU PERGUNTEI.

FLÁVIO DE SOUZA. *EU E MIM MESMO*. SÃO PAULO: QUINTETO, 1987. P. 4.

A) COMO É O NOME DO MENINO DO TEXTO?
B) COMO ELE GOSTA DE SER CHAMADO?
C) EM QUE DOCUMENTO O NOME DELE FOI REGISTRADO QUANDO ELE NASCEU?

BAÚ DE INFORMAÇÕES

A CARTEIRA DE VACINAÇÃO

ENTRE OS PRIMEIROS DOCUMENTOS DE UMA CRIANÇA ESTÁ A CARTEIRA DE VACINAÇÃO. NELA CONSTAM TODAS AS VACINAS QUE A PESSOA TOMA DURANTE A VIDA.

AS VACINAS PREVINEM ALGUMAS DOENÇAS GRAVES. POR ISSO, NO BRASIL, É OBRIGATÓRIO QUE TODAS AS CRIANÇAS SEJAM VACINADAS DESDE OS PRIMEIROS DIAS DE VIDA.

ALGUMAS VACINAS SÃO DADAS EM GOTINHAS E OUTRAS SÃO APLICADAS EM FORMA DE INJEÇÃO.

Giuliano Gomes/Folhapress

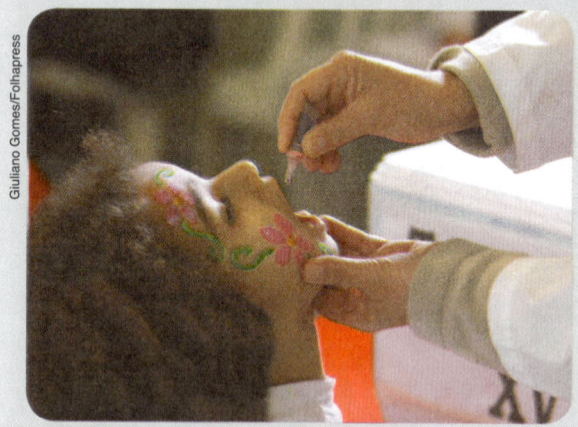

▶ MENINA TOMANDO VACINA EM GOTINHAS.

Edith Held/Corbis/Latinstock

▶ MENINA SENDO VACINADA.

Arquivo particular

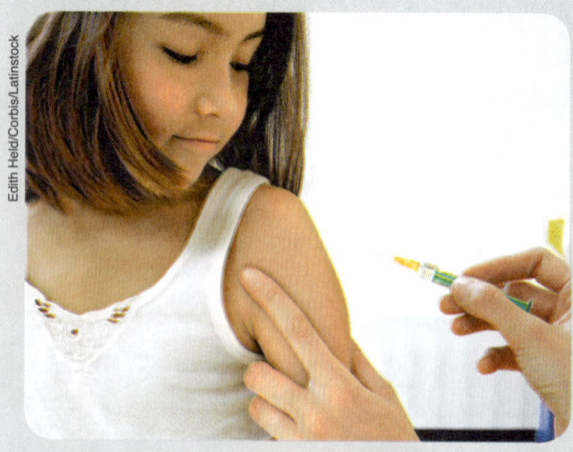

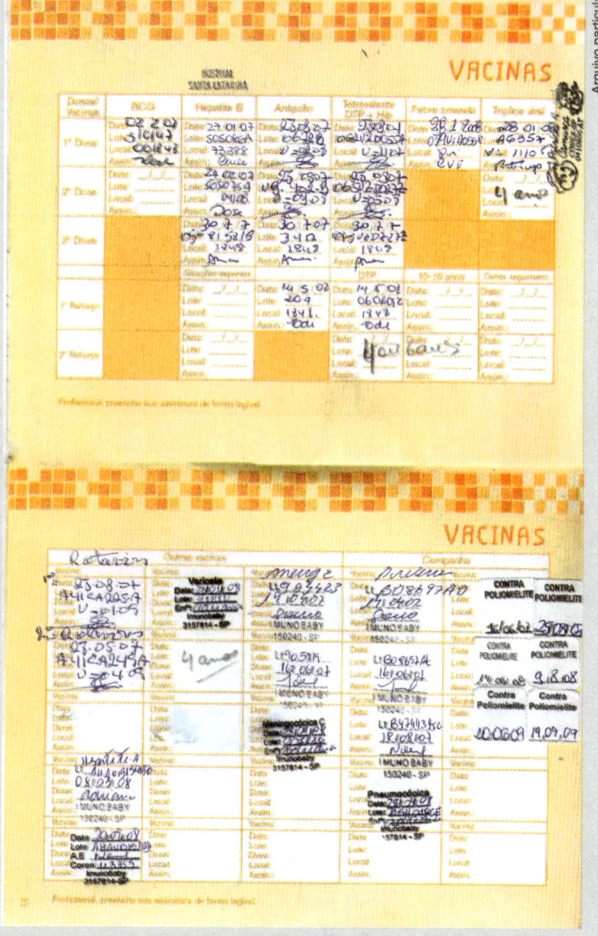

▶ CARTEIRA DE VACINAÇÃO.

VALORES E VIVÊNCIAS

ALÉM DA VACINA, MUITOS OUTROS CUIDADOS SÃO IMPORTANTES PARA MANTER A SAÚDE. OBSERVE ALGUNS DESSES CUIDADOS NAS IMAGENS A SEGUIR. DEPOIS, COM LÁPIS COLORIDO, LIGUE CADA UMA DELAS À FRASE CORRETA.

A)

- ESCOVAR OS DENTES TODOS OS DIAS AO ACORDAR E APÓS AS REFEIÇÕES.

B)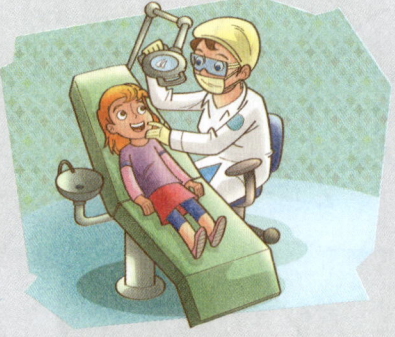

- LAVAR AS MÃOS SEMPRE COM ÁGUA E SABÃO.

C)

- CONSULTAR O DENTISTA REGULARMENTE.

D)

- ALIMENTAR-SE CORRETAMENTE.

BRINCAR E APRENDER

1 HOJE É DIA DE CAMPANHA DE VACINAÇÃO! AJUDE O EDUARDO E SEU PAI A CHEGAREM AO LOCAL DE VACINAÇÃO.

◆ OUTROS DOCUMENTOS

COM BASE NOS DADOS DA CERTIDÃO DE NASCIMENTO, SÃO FEITOS OUTROS DOCUMENTOS QUE USAMOS DURANTE A VIDA. OBSERVE ALGUNS DELES:

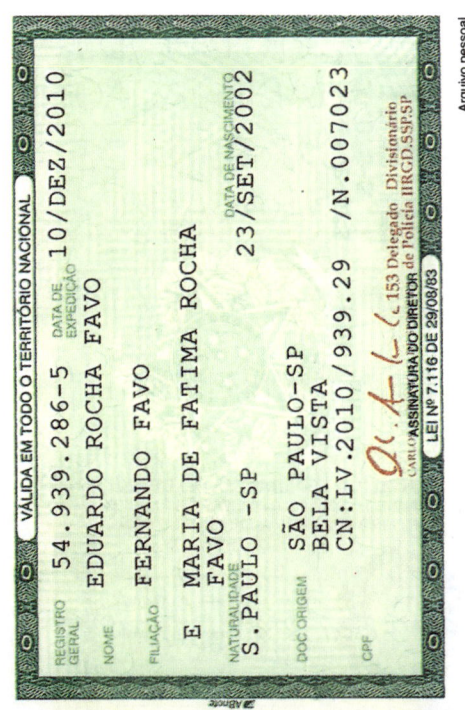

▶ TODO TRABALHADOR DEVE TER A CARTEIRA DE TRABALHO E PREVIDÊNCIA SOCIAL (CTPS).

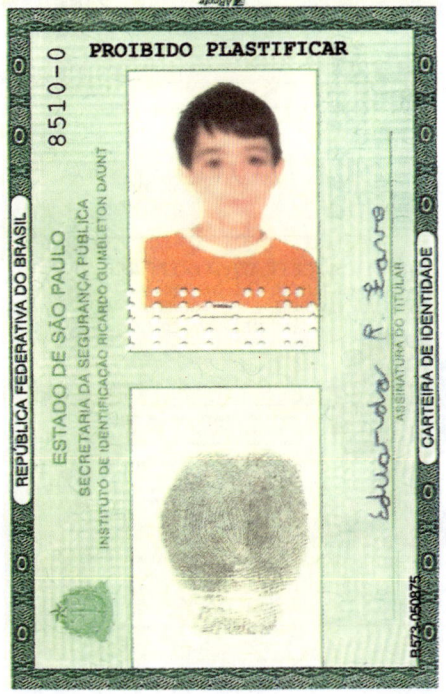

▶ TODAS AS PESSOAS PRECISAM TER CARTEIRA DE IDENTIDADE (RG).

▶ É PRECISO TER TÍTULO DE ELEITOR PARA VOTAR.

ATIVIDADES

1 PINTE COM LÁPIS **VERDE** O NOME DOS DOCUMENTOS QUE VOCÊ POSSUI.

CARTEIRA DE VACINAÇÃO	TÍTULO ELEITORAL	CARTEIRA DE HABILITAÇÃO
CARTEIRA DE IDENTIDADE	CERTIDÃO DE NASCIMENTO	CARTEIRA DE TRABALHO

2 MARQUE COM UM **X** A INFORMAÇÃO CERTA.

A) O DOCUMENTO UTILIZADO PARA NOS IDENTIFICAR É:

 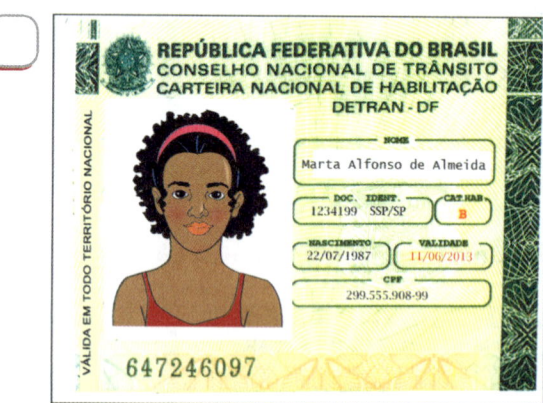

B) O DOCUMENTO NECESSÁRIO PARA SER MOTORISTA É:

 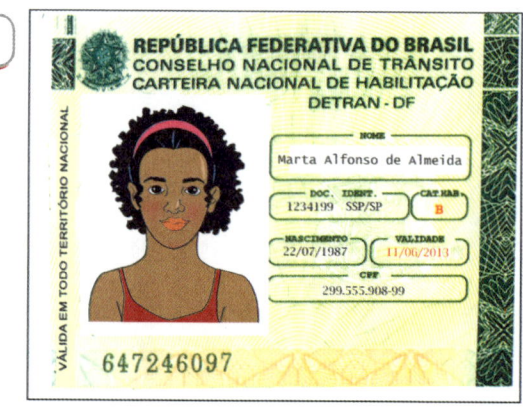

3 A CARTEIRA DE ESTUDANTE É UM DOS DOCUMENTOS QUE O ALUNO PODE TER.

UTILIZE O MODELO DA PAGINA 121 E MONTE UMA CARTEIRA DE ESTUDANTE. RECORTE-A, PREENCHA-A COM OS DADOS PEDIDOS E DESENHE SEU RETRATO.

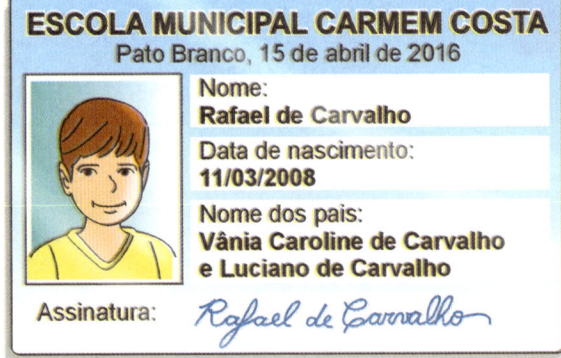

UM POUCO MAIS SOBRE...

TODA CRIANÇA TEM O DIREITO DE SER REGISTRADA E POSSUIR UMA CERTIDÃO DE NASCIMENTO. POR ISSO, HÁ UMA LEI QUE PREVÊ QUE ESSE DOCUMENTO SEJA FEITO GRATUITAMENTE.

▶ CARTAZ DA CAMPANHA DE MOBILIZAÇÃO PARA O REGISTRO DA CERTIDÃO DE NASCIMENTO E DOCUMENTAÇÃO BÁSICA, DE 2011.

1 CONVERSE COM OS COLEGAS SOBRE ESSE TEMA E, DEPOIS, RESPONDA ÀS QUESTÕES ORALMENTE.

A) ESSA LEI É IMPORTANTE?
B) POR QUÊ?

REVENDO O QUE VOCÊ APRENDEU

1 COMPLETE COM SEUS DADOS O MODELO DE CERTIDÃO DE NASCIMENTO ABAIXO.

REPÚBLICA FEDERATIVA DO BRASIL
REGISTRO CIVIL DAS PESSOAS NATURAIS

CERTIDÃO DE NASCIMENTO

NOME

DATA DE NASCIMENTO

LOCAL DE NASCIMENTO

NOME DOS PAIS

NOME DO OFÍCIO
OFICIAL REGISTRADOR
NÚMERO DO CPF
MUNICÍPIO / UF
ENDEREÇO

O CONTEÚDO DA CERTIDÃO É VERDADEIRO DOU FÉ.
DATA E LOCAL:

ASSINATURA DO OFICIAL

2 PINTE OS QUADRADINHOS QUE INDICAM AS INFORMAÇÕES QUE APARECEM NA CARTEIRA DE IDENTIDADE.

A) ☐ NOME COMPLETO
B) ☐ NOME DA ESCOLA
C) ☐ NOME DOS PAIS
D) ☐ NOME DA RUA ONDE MORA
E) ☐ FOTOGRAFIA
F) ☐ DATA DE NASCIMENTO
G) ☐ NOME DOS TIOS
H) ☐ NOME DOS AVÓS

3 CIRCULE OS DOCUMENTOS QUE AS CRIANÇAS NÃO PODEM TER.

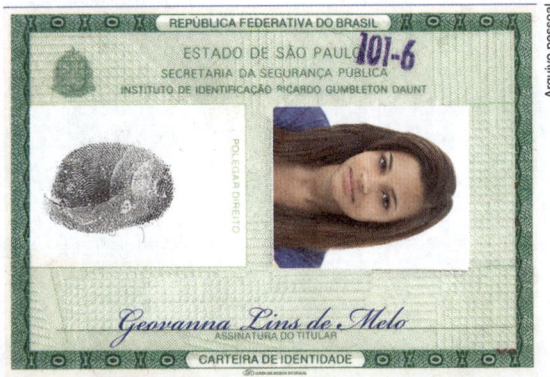

▶ CARTEIRA DE IDENTIDADE (RG).

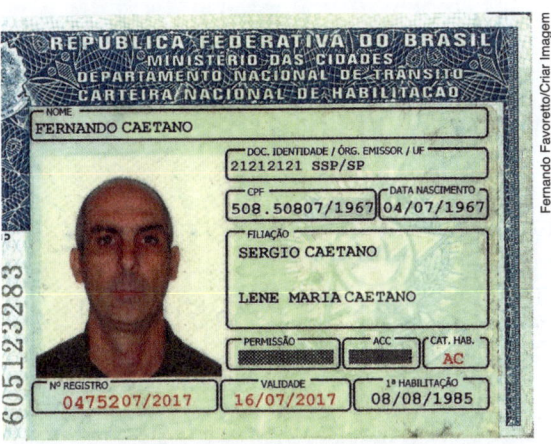

▶ CARTEIRA DE HABILITAÇÃO.

▶ CARTEIRA DE TRABALHO E PREVIDÊNCIA SOCIAL.

CAPÍTULO 3
VIVER EM GRUPOS

DIÁLOGO INICIAL

▶ CONSTANCIA NERY. *PARQUE SÃO PAULO*, 2013. ÓLEO SOBRE TELA, 48 × 88 CM.

1 O QUE A PINTURA MOSTRA?

2 EM SUA OPINIÃO PODEMOS VIVER SOZINHOS?

3 O QUE PRECISAMOS FAZER PARA NOS RELACIONARMOS BEM COM TODAS AS PESSOAS?

A IMPORTÂNCIA DE CONVIVER

CONVIVER SIGNIFICA VIVER COM OUTRAS PESSOAS QUE NOS FAZEM COMPANHIA E NOS AJUDAM COM NOSSAS NECESSIDADES.

NENHUMA PESSOA CONSEGUE VIVER SOZINHA. POR ISSO OS SERES HUMANOS SEMPRE VIVERAM EM GRUPOS.

OBSERVE NAS FOTOGRAFIAS ALGUMAS PESSOAS COM AS QUAIS CONVIVEMOS:

▶ CONVIVEMOS COM NOSSOS FAMILIARES.

▶ CONVIVEMOS COM DIVERSAS PESSOAS QUE TRABALHAM PARA O BEM-ESTAR DE TODOS, COMO O GARI QUE AJUDA A MANTER NOSSAS RUAS LIMPAS.

ATIVIDADES

1 LIGUE AS IMAGENS AO TIPO DE NECESSIDADE QUE CADA PROFISSIONAL ATENDE:

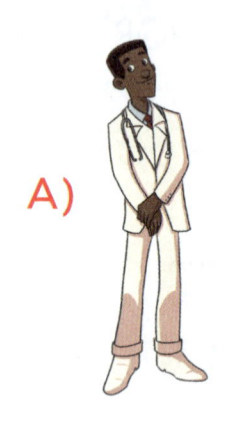

A)

◆ ALIMENTAÇÃO

B)

◆ SEGURANÇA

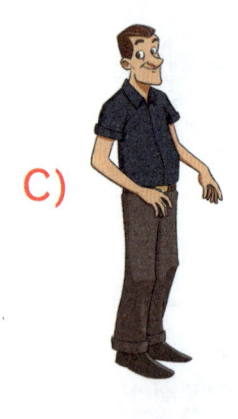

C)

◆ CUIDADOS COM A SAÚDE

D)

◆ LOCOMOÇÃO

2 ASSINALE A ALTERNATIVA CORRETA.

A) CONVIVER É:
- ☐ VIVER COM OUTRAS PESSOAS.
- ☐ VIVER SOZINHO.

B) A CONVIVÊNCIA É IMPORTANTE PARA:
- ☐ VIVER ISOLADO DOS OUTROS.
- ☐ TER COMPANHIA E ATENDER A NOSSAS NECESSIDADES.

3 COM QUEM VOCÊ CONVIVE DIARIAMENTE? PINTE OS ☐ PARA RESPONDER.

A) ☐ PAI
B) ☐ MÃE
C) ☐ IRMÃOS
D) ☐ AMIGOS
E) ☐ VIZINHOS
F) ☐ OUTROS PARENTES
G) ☐ MÉDICO
H) ☐ PROFESSOR

PARA IR MAIS LONGE

LIVRO

▸ *CONTENTE, CERCADO DE GENTE!*, DE THEREZINHA M. L. DA CRUZ. SÃO PAULO: FTD, 2004.

O LIVRO ABORDA A IMPORTÂNCIA DA CONVIVÊNCIA EM GRUPO.

CONVIVEMOS EM DIFERENTES GRUPOS

DURANTE A VIDA, FAZEMOS PARTE DE DIVERSOS GRUPOS COM INTERESSES COMUNS. O PRIMEIRO GRUPO AO QUAL PERTENCEMOS É NOSSA **FAMÍLIA**. DEPOIS, PASSAMOS A PERTENCER AO GRUPO DA ESCOLA. PERTENCEMOS TAMBÉM AO GRUPO FORMADO POR NOSSOS **AMIGOS**, TANTO OS QUE TEMOS DESDE PEQUENOS QUANTO OS QUE VAMOS FAZENDO AO CRESCER.

QUANDO AS PESSOAS SE TORNAM ADULTAS, FAZEM PARTE DO GRUPO FORMADO PELOS **COLEGAS DE TRABALHO**.

ATIVIDADES

1 VOCÊ PODE PARTICIPAR DE VÁRIOS GRUPOS AO MESMO TEMPO. FAÇA UM **X** NOS GRUPOS DOS QUAIS VOCÊ FAZ PARTE.

2 DESENHE O QUE VOCÊ GOSTA DE FAZER QUANDO…

A) … ESTÁ COM OS AMIGOS.

B) … ESTÁ COM UM DOS GRUPOS DE QUE VOCÊ PARTICIPA. ANOTE QUAL É O GRUPO.

BRINCAR E APRENDER

1 FERNANDA FOI AO PARQUE DE DIVERSÕES COM OS AMIGOS. OS DESENHOS A SEGUIR FORAM FEITOS PARA RECORDAR ESSE DIA DE DIVERSÃO, MAS UM DELES TEM SETE ERROS. VOCÊ CONSEGUE DESCOBRIR QUAIS SÃO ELES?

REGRAS DE CONVIVÊNCIA

PARA CONVIVER BEM COM AS PESSOAS, DEVEMOS **RESPEITÁ-LAS**.

OBSERVE NAS IMAGENS E NAS FRASES A SEGUIR ALGUMAS REGRAS IMPORTANTES PARA QUE HAJA UMA BOA CONVIVÊNCIA ENTRE TODOS.

DIZER SEMPRE "POR FAVOR", "OBRIGADO" E "COM LICENÇA".

VOCÊ PODE ME EMPRESTAR A BORRACHA, POR FAVOR?

OBRIGADA!

ACEITAR E RESPEITAR A TODOS.

NÃO BRIGAR.

AJUDAR OS OUTROS SEMPRE QUE POSSÍVEL.

ACEITAR QUE PODEMOS GANHAR OU PERDER EM JOGOS.

PEDIR DESCULPAS SEMPRE QUE NECESSÁRIO.

SEMPRE DEVOLVER O QUE PEGOU EMPRESTADO.

SER GENTIL.

CUIDAR DO AMBIENTE EM QUE VIVE.

RESPEITAR A FILA.

ATIVIDADES

1 VEJA A SEGUIR MAIS ALGUMAS REGRAS DE CONVIVÊNCIA. RELACIONE-AS CORRETAMENTE COM AS IMAGENS.

A) NÃO ALCANÇA? PEÇA A UM ADULTO.
B) SUJOU? LIMPE.
C) NÃO SABE COMO FUNCIONA? NÃO MEXA.
D) ABRIU? FECHE.
E) DESARRUMOU? ARRUME.
F) ACENDEU? APAGUE.

2 PINTE DE **VERDE** OS QUADRADINHOS DAS ATITUDES CORRETAS E DE **VERMELHO** OS QUADRADINHOS DAS ATITUDES INCORRETAS.

A) ☐

B) ☐

C) ☐

D) ☐

E) ☐

F) ☐

PARA IR MAIS LONGE

LIVRO

▶ *EU & OS OUTROS: MELHORANDO AS RELAÇÕES*, DE LILIANA E MICHELE IACOCCA. SÃO PAULO: ÁTICA, 2013.

O LIVRO ABORDA O TEMA "CONVIVÊNCIA" E MOSTRA PEQUENAS ATITUDES QUE CONTRIBUEM PARA MELHORAR O CONVÍVIO.

BAÚ DE INFORMAÇÕES

VOCÊ JÁ PENSOU DE QUANTAS PESSOAS DEPENDEMOS EM NOSSO DIA A DIA? OBSERVE NAS IMAGENS A SEGUIR QUANTAS PESSOAS SÃO NECESSÁRIAS PARA FAZER O PÃO PARA COMERMOS.

BRINCAR E APRENDER

É SEMPRE BOM LEMBRAR QUE TODOS GOSTAM DE CARINHO E ATENÇÃO. PARA DEMONSTRAR SEU CARINHO, ESCOLHA UMA PESSOA DE SEU CONVÍVIO E OFEREÇA UM PRESENTE A ELA. ESSE PRESENTE SERÁ ESPECIAL, POIS SERÁ FEITO POR VOCÊ!

MATERIAL:
- UM PALITO DE SORVETE LIMPO;
- UMA FOLHA DE PAPEL QUADRADA DE 15 CM POR 15 CM;
- DUAS FOLHAS DE PAPEL QUADRADAS DE 5 CM POR 5 CM.
- COLA

COMO FAZER
- DOBRE A FOLHA DE PAPEL MAIOR DE ACORDO COM O MODELO.
- DEPOIS, FAÇA O MESMO COM AS FOLHAS DE PAPEL MENORES E, POR FIM, COLE NO PALITO.

AGORA É SÓ ENTREGAR PARA A PESSOA ESCOLHIDA. NÃO SE ESQUEÇA DE LHE DIZER POR QUE ELA É ESPECIAL EM SUA VIDA.

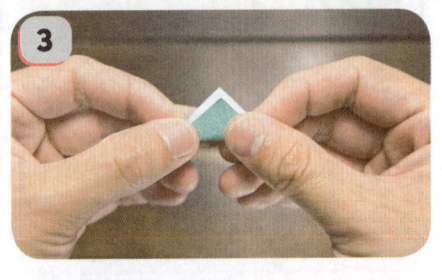

REVENDO O QUE VOCÊ APRENDEU

1 LIGUE CADA FRASE A SEU COMPLEMENTO CORRETO.

A) AS PESSOAS VIVEM EM

B) VIVER COM OS OUTROS É

C) O PRIMEIRO GRUPO DE QUE FAZEMOS PARTE É A

D) UMA ATITUDE QUE DEVEMOS TER COM TODAS AS PESSOAS É

- RESPEITO.
- GRUPOS.
- FAMÍLIA.
- CONVIVER.

2 OBSERVE A TIRINHA E DEPOIS RESPONDA ÀS QUESTÕES ORALMENTE.

A) DE QUAL GRUPO DE CONVIVÊNCIA OS PERSONAGENS DA TIRINHA ESTÃO FALANDO?

B) O QUE ELES ESTÃO FAZENDO JUNTOS?

C) QUE ATIVIDADES VOCÊ COSTUMA FAZER COM SEUS AMIGOS?

3 TROQUE OS SÍMBOLOS POR LETRAS E COPIE AS FRASES COMPLETAS.

A) PARA VIVER EM GRUPOS PRECISAMOS DE SOLIDARIEDADE E RESPEITO.

B) DEVO SEMPRE SER GENTIL PARA CONVIVER EM HARMONIA COM OS OUTROS.

CAPÍTULO 4 — VIVENDO EM FAMÍLIA

DIÁLOGO INICIAL

▶ LUCIANA MARIANO. *12 MARIANOS*, 2008. ACRÍLICO SOBRE TELA, 80 × 70 CM.

1 O QUE É POSSÍVEL OBSERVAR NESTA IMAGEM?

2 ESSAS PESSOAS FORMAM UM DOS GRUPOS DE QUE FAZEMOS PARTE. QUE GRUPO É ESSE? COMO VOCÊ O IDENTIFICOU?

QUEM É QUEM NA FAMÍLIA

QUANDO UMA CRIANÇA NASCE, ELA NECESSITA DE PESSOAS QUE CUIDEM DELA, ALIMENTEM-NA, EDUQUEM-NA E A PROTEJAM DE PERIGOS.

ESSAS PESSOAS FORMAM SUA FAMÍLIA.

ALÉM DO PAI E DA MÃE, OU ADULTOS RESPONSÁVEIS, EXISTEM OUTRAS PESSOAS QUE FAZEM PARTE DE NOSSA FAMÍLIA – SÃO OS **PARENTES**: AVÓS, BISAVÓS, TIOS, PRIMOS, CUNHADOS, SOBRINHOS.

OBSERVE EXEMPLOS DE PARENTESCO NESTAS IMAGENS DE PERSONAGENS.

▶ O TIO PATINHAS É TIO DO HUGUINHO, DO LUIZINHO E DO ZEZINHO. PORTANTO, ELES SÃO SOBRINHOS DO TIO PATINHAS.

▶ DONA BENTA É A AVÓ DA NARIZINHO E DO PEDRINHO. PORTANTO, ELES SÃO NETOS DELA.

DIFERENTES FAMÍLIAS

AS FAMÍLIAS SÃO DIFERENTES UMAS DAS OUTRAS.

▶ FAMÍLIA FORMADA POR PAI, MÃE E FILHOS.

▶ FAMÍLIA FORMADA POR MÃE E FILHOS.

▶ FAMÍLIA FORMADA POR PAI, MÃE E UM ÚNICO FILHO.

▶ FAMÍLIA FORMADA POR PAI E FILHOS.

TAMBÉM EXISTEM FAMÍLIAS EM QUE AS CRIANÇAS SÃO CRIADAS POR AVÓS, TIOS, PADRINHOS OU OUTROS PARENTES.

▶ FAMÍLIA FORMADA POR AVÓS E NETO.

HÁ CRIANÇAS QUE VIVEM EM ORFANATOS COM OUTRAS CRIANÇAS E COM ADULTOS QUE CUIDAM DELAS. NESSES LOCAIS, AS CRIANÇAS ESPERAM PARA SER ADOTADAS POR OUTRAS FAMÍLIAS PARA VIVER COM ELAS E SE TORNAR FILHOS DO CORAÇÃO.

▸ CRIANÇAS BRINCAM EM UM ORFANATO.

PARA IR MAIS LONGE

LIVRO
▸ *A ÁRVORE CONTENTE*, DE TELMA GUIMARÃES CASTRO ANDRADE. SÃO PAULO: EDITORA DO BRASIL, 2010.

O LIVRO MOSTRA AS DIFERENTES FORMAS DE ORGANIZAÇÃO FAMILIAR.

FILME
▸ *MEU MALVADO FAVORITO 2*. DIREÇÃO: CHRIS RENAUD E PIERRE COFFIN. EUA, 2013.

O FILME RETRATA O DIA A DIA DE UMA FAMÍLIA FORMADA POR UM HOMEM E SUAS TRÊS FILHAS ADOTIVAS.

ATIVIDADES

1 SIGA O CAMINHO FEITO PELO SAPO E DESCUBRA UMA PALAVRA.

QUE PALAVRA VOCÊ DESCOBRIU? RESPONDA ORALMENTE.

2 COMPLETE AS FRASES COM AS PALAVRAS DO QUADRO.

> ORFANATO   PARENTES
> DIFERENTES   MÃE   PAI

A) AS FAMÍLIAS SÃO _____.

B) EXISTEM FAMÍLIAS EM QUE AS CRIANÇAS MORAM SÓ COM O _____ OU SÓ COM A _____.

C) EM ALGUMAS FAMÍLIAS, AS CRIANÇAS SÃO CRIADAS POR AVÓS, TIOS OU OUTROS _____.

D) EXISTEM CRIANÇAS QUE VIVEM LONGE DE SUAS FAMÍLIAS E ESPERAM NO _____ PARA SER ADOTADAS.

BAÚ DE INFORMAÇÕES

SE UMA MÃE SE CASAR NOVAMENTE, SEU NOVO MARIDO SERÁ O PADRASTO DOS FILHOS QUE ELA JÁ TINHA. SE UM PAI SE CASAR NOVAMENTE, SUA NOVA ESPOSA SERÁ A MADRASTA DOS FILHOS QUE ELE JÁ TINHA.

1) VOCÊ SABE QUEM É QUEM NA FAMÍLIA? COM LÁPIS COLORIDO, LIGUE AS COLUNAS.

A) AVÔ

B) SOBRINHO

C) AVÓ

D) NETO

E) PRIMO

F) TIO

G) BISAVÓS

- IRMÃO DO PAI OU DA MÃE
- FILHO DO IRMÃO OU DA IRMÃ
- FILHO DO FILHO OU DA FILHA
- PAIS DOS AVÓS
- PAI DO PAI OU DA MÃE
- FILHO DO TIO OU DA TIA
- MÃE DO PAI OU DA MÃE

2) PINTE DE **AZUL** OS QUADROS QUE INDICAM QUEM PODE FAZER PARTE DE UMA FAMÍLIA.

AVÓS	PAI	AMIGO
MÃE	IRMÃOS	PADRASTO
VIZINHO	MADRASTA	COLEGA

◈ CONVIVENDO EM FAMÍLIA

AS FAMÍLIAS PODEM SER DIFERENTES, MAS UMA COISA DEVE SER IGUAL EM TODAS ELAS: DEVE EXISTIR RESPEITO.

OS PAIS OU OS ADULTOS RESPONSÁVEIS DEVEM CUIDAR BEM DOS FILHOS E GARANTIR SEU SUSTENTO.

OS FILHOS DEVEM RESPEITAR OS PAIS OU RESPONSÁVEIS E AJUDAR EM PEQUENAS TAREFAS DA CASA.

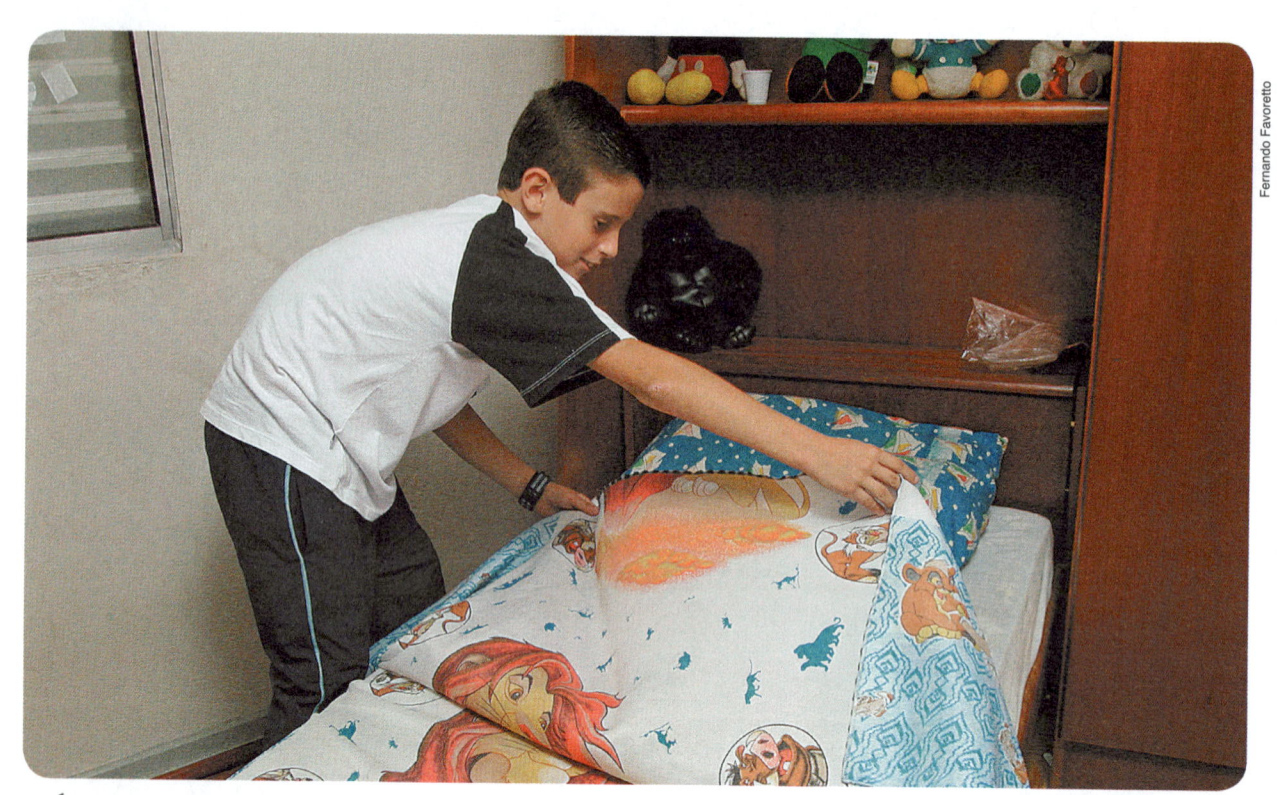

▶ É MUITO IMPORTANTE QUE TODOS COLABOREM NAS TAREFAS DE CASA, ARRUMANDO A CAMA, LIMPANDO A SUJEIRA E ORGANIZANDO A BAGUNÇA, POR EXEMPLO.

VALORES E VIVÊNCIAS

PARA CONVIVER EM FAMÍLIA, É IMPORTANTE QUE TODOS SE RESPEITEM E NÃO DEIXEM DE CUMPRIR SUAS OBRIGAÇÕES. TODOS DEVEM SER COMPREENSIVOS, CONVERSAR PARA RESOLVER OS PROBLEMAS E TOMAR DECISÕES JUNTOS.

ATIVIDADES

1 COMO SÃO DIVIDIDAS AS TAREFAS EM SUA CASA? PINTE OS ☐ QUE IDENTIFICAM QUEM FAZ CADA ATIVIDADE.

> **OLHO VIVO!**
>
> MAIS DE UMA PESSOA PODE FAZER A MESMA TAREFA. SE ISSO ACONTECER EM SUA CASA, VOCÊ PODE PINTAR MAIS DE UM ☐.

A) QUEM LAVA A ROUPA?
- ☐ PAI
- ☐ MÃE
- ☐ FILHOS
- ☐ OUTRA PESSOA

B) QUEM COZINHA?
- ☐ PAI ☐ MÃE ☐ FILHOS ☐ OUTRA PESSOA

C) QUEM LIMPA A CASA?
- ☐ PAI ☐ MÃE ☐ FILHOS ☐ OUTRA PESSOA

D) QUEM LAVA A LOUÇA?
- ☐ PAI ☐ MÃE ☐ FILHOS ☐ OUTRA PESSOA

2 OBSERVE A TIRINHA E, DEPOIS, RESPONDA ORALMENTE.

A) O QUE O PAI DO CHICO BENTO FAZ ANTES DE O FILHO DORMIR?

B) O QUE VOCÊ COSTUMA FAZER COM SEUS PAIS OU COM AS PESSOAS COM QUEM VOCÊ MORA ANTES DE DORMIR?

REVENDO O QUE VOCÊ APRENDEU

1 COMPLETE AS FRASES COM AS PALAVRAS DO QUADRO.

> ADOTADA   CUIDAR
> DIFERENTES   EDUCAR

A) AS FAMÍLIAS SÃO _____ UMAS DAS OUTRAS.

B) UMA CRIANÇA QUE NÃO TEM FAMÍLIA E VIVE EM ORFANATO PODE SER _____.

C) AS FUNÇÕES DA FAMÍLIA SÃO: _____ E _____.

2 COMPLETE O DIAGRAMA COM O NOME DOS INTEGRANTES DE UMA FAMÍLIA: AVÓS, PAI, MÃE, FILHO, IRMÃOS.

F
A
M
Í
L
I
A

3 PINTE DE **VERDE** O QUE DEVE HAVER EM UMA FAMÍLIA.

| AMOR | BRIGA | RESPEITO |

| COOPERAÇÃO | CONVERSA | DISCUSSÃO |

4 AS CENAS A SEGUIR MOSTRAM ALGUMAS TAREFAS DE CASA QUE VOCÊ PODE FAZER PARA AJUDAR.

PINTE AS QUE VOCÊ JÁ FAZ E DESCUBRA O QUE MAIS VOCÊ PODE FAZER.

A)

B)

C)

D)

E)

F)

CAPÍTULO 5
Frequentando a escola

Diálogo inicial

1. As escolas sempre existiram?
2. Por que devemos frequentar a escola?
3. O que é preciso para um bom convívio na escola?

A escola

A escola é um lugar onde se aprende e se ensina. Aprendemos muitas coisas novas e ensinamos aos outros o que já sabemos.

A escola é um dos grupos com os quais convivemos. Nela também podemos brincar, praticar esportes e fazer amizades.

Podemos frequentar a escola no período da manhã ou no período da tarde. E ainda existem escolas onde o aluno pode ficar o dia todo – são as escolas de período integral.

▸ Alunos prestam atenção à aula.

▸ Crianças jogam vôlei em aula de educação física.

▸ Meninas fazem pintura na aula de artes.

Para ir mais longe

Livro

▸ *A escola do Marcelo*, de Ruth Rocha. São Paulo: Salamandra, 2011.
Aborda as diferentes relações estabelecidas nas escolas.

Atividades

1) Pinte os desenhos que mostram atividades que você faz na escola.

a)

b)

c)

d)

2 Pinte o ⃝ que indica o período do dia no qual você frequenta a escola.

a) manhã ⃝   b) tarde ⃝   c) o dia todo ⃝

3 Desenhe no espaço a seguir algo que você aprendeu nos últimos dias na escola.

Brincar e aprender

Maria e João são amigos e estudam na mesma escola, para onde sempre vão juntos. João é cadeirante, então Maria o ajuda com as dificuldades do caminho. Ajude-os a chegar até a escola escolhendo o melhor caminho.

Para ir mais longe

Livro

▸ *É meu*, de Telma Guimarães Castro Andrade. São Paulo: Editora do Brasil, 2006.

O livro conta a história de uma menina que aprende a dividir seus brinquedos com os colegas da escola.

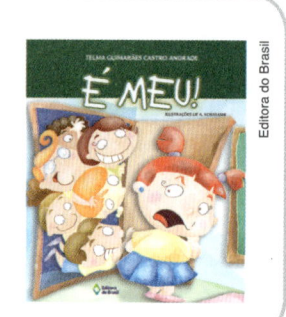

❯❯ Quem é quem na escola

Cada pessoa faz uma atividade diferente na escola. Veja algumas delas nas imagens a seguir.

▸ Professor e alunos.

▸ Merendeira ou cantineira.

▸ Diretora.

▸ Secretário.

▸ Inspetor ou porteiro.

▸ Servente ou auxiliar de serviços gerais.

Atividade

1) Recorte os desenhos da página 123 e cole ao lado do trabalhador correspondente a ele.

a)

b)

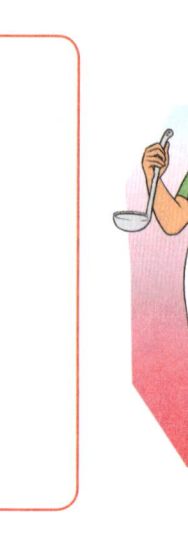

c)

Regras e combinados para a boa convivência na escola

Na escola, convivemos com outras pessoas e dividimos o mesmo espaço. Para que tudo funcione da melhor maneira, todos precisam colaborar e seguir as regras, que são combinadas entre alunos, pais, professores e demais funcionários.

Observe algumas atitudes necessárias para o bem-estar de todos.

- Respeitar os colegas e os funcionários da escola.

- Manter a escola limpa.

- Prestar atenção às explicações do professor e fazer as lições.

- Guardar brinquedos, livros e outros materiais após usá-los.

- Não gritar e sempre dizer "obrigado", "por favor" e "com licença".

- Sempre devolver o que se pede emprestado.

Atividade

1 Para haver uma boa convivência na escola todos precisam colaborar e seguir as regras. Faça este teste para descobrir como estão suas atitudes na escola.

Pinte cada quadrado de acordo com a legenda.

■ Faço sempre.
■ Faço às vezes.
■ Nunca faço.

a) ☐ Respeito meus colegas, aguardando minha vez de falar.

b) ☐ Mantenho meu material organizado.

c) ☐ Faço as lições com cuidado e atenção.

d) ☐ Participo das atividades escolares.

e) ☐ Jogo papel somente na cesta de lixo.

f) ☐ Não falto às aulas, a não ser por um motivo muito importante.

g) ☐ Respeito todos os funcionários da escola.

h) ☐ Respeito meus colegas em todos os ambientes.

Agora conte quantos quadrados verdes você pintou e veja o resultado de seu teste.

Total de 8 respostas verdes: Parabéns! Você segue todas as regras para a boa convivência na escola!

De 5 a 7 respostas verdes: Atenção: algumas de suas atitudes precisam ser observadas.

Menos de 5 respostas verdes: Reflita sobre suas atitudes na escola. Em que você pode melhorar?

Um pouco mais sobre...

Você sabe o que é inclusão social? O professor lerá o texto a seguir, sobre esse assunto. Acompanhe atentamente.

— Eu descobri que, se a escola é para todos, quem tem necessidades especiais tem o direito de frequentar a mesma classe que os outros. E tem direito à mesma qualidade de vida!

— Legal! E eu descobri que existe uma lei federal que diz assim: "nenhuma escola pode negar matrícula ou recusar o acesso de criança ou adolescente especial": e "especial" pode ser aquele que tem down, que escuta pouco ou nada, que enxerga pouco ou nada, que não consegue caminhar. Tem que ter professor treinado para ajudar, tem que ter material, carteiras e banheiros adaptados às necessidades deles. [...]

— Pois é, Carminha! Ultimamente tem muita gente discutindo esse assunto. Pelo que vi, é algo que chamam de inclusão social.

Aline Perlman. *Diferentes somos todos.* São Paulo: Edições SM, 2005. p. 48 a 51.

1 Responda às questões oralmente.
   a) Qual é o assunto do texto?
   b) De acordo com o texto, quem são os "especiais"?
   c) De acordo com o texto, o que é inclusão social?

Para ir mais longe

Livro
- *Na minha escola todo mundo é igual*, de Rossana Ramos e Priscila Sanson. São Paulo: Cortez, 2007.
O livro mostra uma escola que valoriza todas as crianças, com suas diferenças e semelhanças.

Revendo o que você aprendeu

1 Observe o desenho e circule as respostas corretas.

a) Que lugar está representado no desenho?
- Um parque.
- Uma escola.

b) O que as crianças estão fazendo fora da sala de aula?
- Dançando.
- Praticando esportes.

c) O que as crianças estão fazendo na sala de aula?
- Estudando.
- Passeando.

2 Leia as frases e pinte os quadrados conforme a legenda.

▨ Meu direito   ▨ Meu dever

a) ◯ Ter escola para frequentar.
b) ◯ Fazer as lições de casa e da escola.
c) ◯ Ser atencioso com os professores e respeitá-los.
d) ◯ Ter um lugar para brincar.
e) ◯ Usar o banheiro adequadamente.
f) ◯ Ser atendido e respeitado em minhas dificuldades.
g) ◯ Conservar os objetos da escola.
h) ◯ Ter um lugar na sala de aula.

3 Ligue as colunas.

a) Muito obrigado.

- Devemos sempre dizer ao pedir algo para alguém.

b) Por favor.

- Devemos dizer às pessoas após terem feito algo para nós.

c) Com licença.

- Devemos sempre dizer ao entrar na sala de aula.

4 Ligue o material escolar à função que ele tem.

a)

- recortar

b)

- escrever

c)

- apagar

d)

- pintar

e)

- colar

f)

- registrar

g)

- ler

CAPÍTULO 6
Brincar é um direito da criança

Diálogo inicial

▶ Ana Maria Dias. *Férias felizes*, 2014. Acrílico sobre tela, 50 × 80 cm.

1 Quais brincadeiras você observa na imagem?

2 As crianças estão brincando juntas ou separadas?

3 Você também gosta de brincar? De qual brincadeira você mais gosta?

4 Você acha mais divertido brincar sozinho ou com um amigo?

Brincar sempre

Toda criança tem o direito de brincar.

Enquanto brinca a criança se diverte, pratica exercícios e faz novos amigos.

As brincadeiras podem acontecer ao ar livre ou dentro de algum lugar. Podemos brincar sozinhos ou com os amigos.

▶ Luciana Mariano. *Infância feliz*, 2014. Acrílico sobre canson, 32 × 42 cm.

▶ Luciana Mariano. *Dia de brincar*, 2011. Acrílico sobre tela, 50 × 70 cm.

Valores e vivências

Brincar é muito bom, mas, para que todos fiquem felizes, algumas regras devem ser cumpridas.

1. Nunca brinque na rua. Rua é lugar de carro e não de pedestre.
2. Depois de usar seus brinquedos, guarde-os.
3. Nas brincadeiras coletivas, respeite os colegas e as regras do jogo.
4. E lembre-se: num jogo podemos ganhar ou perder, mas, no final, todos se divertem.

Agora relacione as frases com as ilustrações, numerando-as.

Atividades

1 Pinte os ⬜ de acordo com a legenda.

🟥 Brinco sozinho.
🟦 Brinco com amigos.
🟩 Brinco sozinho ou com os amigos.

a) ⬜ pega-pega
b) ⬜ dominó
c) ⬜ esconde-esconde
d) ⬜ carrinho
e) ⬜ lenço atrás
f) ⬜ futebol
g) ⬜ pião
h) ⬜ peteca

i) ⬜ pular corda
j) ⬜ bicicleta
k) ⬜ boneca
l) ⬜ *video game*
m) ⬜ amarelinha
n) ⬜ bambolê
o) ⬜ perna-de-pau
p) ⬜ quebra-cabeça

2 Recorte o quebra-cabeça da página 125, monte-o e cole-o em uma folha separada. Para finalizar, desenhe uma moldura bem bonita com lápis colorido.

Para ir mais longe

Livro

▶ *Boneco da paz*, de Telma Guimarães Castro Andrade. São Paulo: Editora do Brasil, 2006.

A obra leva o leitor a refletir sobre como é melhor brincar com outras crianças.

Brincadeiras e brinquedos

Algumas brincadeiras necessitam de brinquedos para serem realizadas, por exemplo:

- carrinho

- boneca

- bola

- ursinho de pelúcia

- patinete

- boliche

Alguns dos brinquedos que usamos hoje foram criados há muito tempo e, aos poucos, o material de que são feitos foi mudando.

Veja a evolução de alguns brinquedos a seguir.

▶ Boneca de pano.

▶ Boneca de louça.

▶ Boneca de plástico.

▶ Carrinho de madeira.

▶ Carrinho de metal.

▶ Carrinho de plástico.

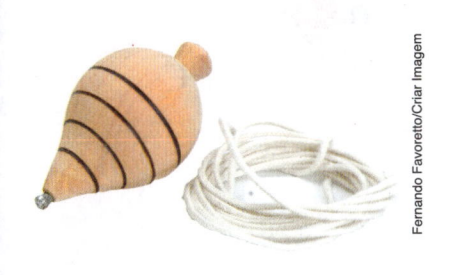

▶ Pião de madeira.

▶ Pião de metal.

▶ Pião com luzes.

Brincar e aprender

Você sabia que, usando materiais simples, pode construir brinquedos?

Vamos construir um carrinho?

Material:

- tubo de rolo de papel higiênico;
- tinta guache;
- cola;
- pedaço pequeno de cartolina.

Como fazer

1. Pinte o tubo de papelão com tinta guache na sua cor preferida. Espere a tinta secar.

2. Recorte, na cartolina, quatro círculos (mais ou menos do tamanho de uma moeda de 1 real).

3. Cole os círculos no tubo, para fazer as rodas do carro.

Depois de pronto, seu carrinho ficará parecido com este!

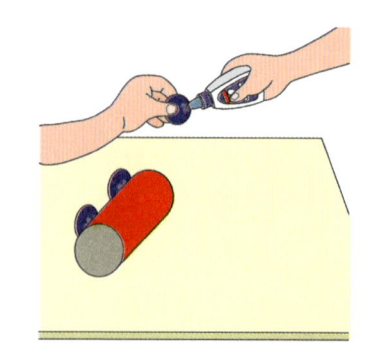

Baú de informações

Nos parquinhos também existem brinquedos que agradam a muitas crianças.

1 Escreva o nome dos brinquedos que aparecem na fotografia.

_____

_____

2 De qual desses brinquedos você mais gosta?

_____

_____

3 Além desses brinquedos, que outro pode existir num parquinho?

_____

_____

Para ir mais longe

Livro

▸ *Amigos de verdade*, de Telma Guimarães Castro Andrade. São Paulo: Editora do Brasil, 2011.

O livro conta a história de um menino que decide brincar com seus amigos e conhece muitas brincadeiras novas.

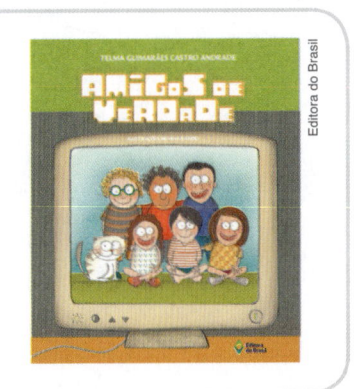

Revendo o que você aprendeu

1 Pinte os quadradinhos de acordo com a legenda.

☐ brincadeira   ☐ brinquedo

a) ☐ passa-anel
b) ☐ pião
c) ☐ gangorra
d) ☐ bola
e) ☐ estátua

f) ☐ bafo
g) ☐ carrinho
h) ☐ lenço atrás
i) ☐ queimada

2 Marque com um **X** os brinquedos que existem há muito tempo. Depois pinte todos eles.

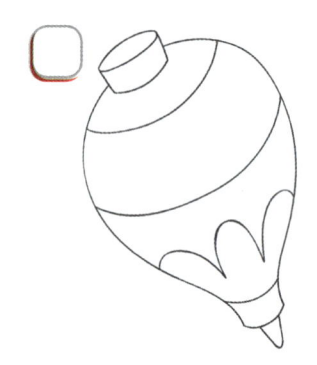

3 Observe alguns exemplos de brincadeiras. Depois marque com um **X** as que só podem ser feitas em grupo.

a)

b)

c)

d)

CAPÍTULO 7
Passagem do tempo

Diálogo inicial

1. As imagens mostram um dia na vida de Ana. O que você acha que ela fez de manhã?

2. E à tarde?

3. Das atividades que Ana realizou, quais você também realiza todos os dias?

A passagem de um dia

Todos os dias temos várias atividades, como fazer as refeições, estudar, brincar, dormir. Isso acontece num período de tempo que chamamos de dia.

A passagem de um dia dura 24 horas. Ele pode ser dividido em manhã, tarde e noite.

Pela manhã e à tarde, o sol ilumina o céu, deixando o dia claro.

▶ Cidade do Rio de Janeiro, Rio de Janeiro, durante o dia.

À noite, o céu escurece, pois o sol ilumina outra parte do planeta. Então, onde estamos fica escuro.

▶ Cidade do Rio de Janeiro, Rio de Janeiro, durante a noite.

Atividades

1 Desenhe atividades que você faz nos seguintes períodos do dia:

a) de manhã

b) à tarde

c) à noite

2) Numere os desenhos na ordem em que acontecem na escola em um dia.

Valores e vivências

Lembre-se que, para fazer todas as atividades de que precisamos e queremos, devemos nos organizar.

Divida seu tempo de modo que você tenha:

- Tempo para estudar

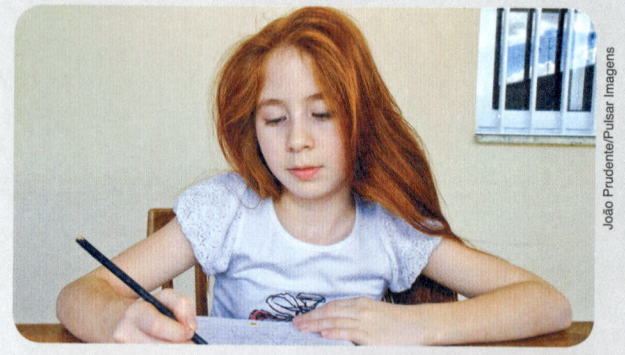

- Tempo para dormir

- Tempo para passar com a família

- Tempo para brincar sozinho ou com os amigos.

Atividade

1) Você já parou para pensar em como divide seu tempo? Reflita sobre isso e responda às perguntas abaixo.

a) Pinte os quadrados de acordo com a legenda:

🟥 Nenhum tempo

🟦 Muito tempo

🟩 Pouco tempo

Quanto tempo você passa:

- ⬜ Brincando sozinho?
- ⬜ Brincando com seus amigos?
- ⬜ Vendo televisão?
- ⬜ Conversando com seus pais ou os adultos que moram com você?
- ⬜ Dormindo?
- ⬜ Praticando atividades físicas?
- ⬜ Na escola?
- ⬜ Lendo livros?
- ⬜ Fazendo outras atividades?

b) Observe as respostas que marcou. Você ficou satisfeito com sua maneira de usar o tempo?

_____

c) O que você pretende fazer para organizar melhor seu tempo?

_____

_____

A passagem do tempo em semanas e meses

Sete dias formam uma semana. Os dias da semana são domingo, segunda-feira, terça-feira, quarta-feira, quinta-feira, sexta-feira e sábado.

Juntando as semanas, formamos o mês. E 12 meses formam um ano.

Observe o nome dos meses do ano no calendário a seguir.

2016

Janeiro

D	S	T	Q	Q	S	S
					1	2
3	4	5	6	7	8	9
10	11	12	13	14	15	16
17	18	19	20	21	22	23
24/31	25	26	27	28	29	30

Fevereiro

D	S	T	Q	Q	S	S
	1	2	3	4	5	6
7	8	9	10	11	12	13
14	15	16	17	18	19	20
21	22	23	24	25	26	27
28	29					

Março

D	S	T	Q	Q	S	S
		1	2	3	4	5
6	7	8	9	10	11	12
13	14	15	16	17	18	19
20	21	22	23	24	25	26
27	28	29	30	31		

Abril

D	S	T	Q	Q	S	S
					1	2
3	4	5	6	7	8	9
10	11	12	13	14	15	16
17	18	19	20	21	22	23
24	25	26	27	28	29	30

Maio

D	S	T	Q	Q	S	S
1	2	3	4	5	6	7
8	9	10	11	12	13	14
15	16	17	18	19	20	21
22	23	24	25	26	27	28
29	30	31				

Junho

D	S	T	Q	Q	S	S
			1	2	3	4
5	6	7	8	9	10	11
12	13	14	15	16	17	18
19	20	21	22	23	24	25
26	27	28	29	30		

Julho

D	S	T	Q	Q	S	S
					1	2
3	4	5	6	7	8	9
10	11	12	13	14	15	16
17	18	19	20	21	22	23
24/31	25	26	27	28	29	30

Agosto

D	S	T	Q	Q	S	S
	1	2	3	4	5	6
7	8	9	10	11	12	13
14	15	16	17	18	19	20
21	22	23	24	25	26	27
28	29	30	31			

Setembro

D	S	T	Q	Q	S	S
				1	2	3
4	5	6	7	8	9	10
11	12	13	14	15	16	17
18	19	20	21	22	23	24
25	26	27	28	29	30	

Outubro

D	S	T	Q	Q	S	S
						1
2	3	4	5	6	7	8
9	10	11	12	13	14	15
16	17	18	19	20	21	22
23/30	24/31	25	26	27	28	29

Novembro

D	S	T	Q	Q	S	S
		1	2	3	4	5
6	7	8	9	10	11	12
13	14	15	16	17	18	19
20	21	22	23	24	25	26
27	28	29	30			

Dezembro

D	S	T	Q	Q	S	S
				1	2	3
4	5	6	7	8	9	10
11	12	13	14	15	16	17
18	19	20	21	22	23	24
25	26	27	28	29	30	31

Para ir mais longe

Livro

▶ *Um dia desses...*, de Ana Maria Machado. São Paulo: Ática, 2010.

O livro ensina os dias da semana.

Atividades

1 Agora que você já conhece as semanas e os meses, numere as colunas de acordo com a legenda.

① Dias da semana ② Meses do ano

a) ⬜ março
b) ⬜ quinta-feira
c) ⬜ junho
d) ⬜ setembro
e) ⬜ abril
f) ⬜ novembro
g) ⬜ domingo
h) ⬜ fevereiro
i) ⬜ sexta-feira
j) ⬜ outubro

k) ⬜ dezembro
l) ⬜ janeiro
m) ⬜ terça-feira
n) ⬜ quarta-feira
o) ⬜ julho
p) ⬜ maio
q) ⬜ segunda-feira
r) ⬜ agosto
s) ⬜ sábado

2 Consulte um calendário e preencha o quadro com o que se pede.

Olho vivo!

Em relação aos dias, anote o dia da semana e a data numérica.

Ontem foi	
Amanhã será	
Hoje é	
Estamos no mês de	
O ano em que estamos é	
O próximo ano será	

Baú de informações

Para marcar a passagem de um dia usamos o relógio. Ele mede o tempo em horas.

▶ Relógio de parede.

▶ Relógio de pulso.

▶ Relógio de pêndulo.

▶ Relógio cuco.

Para marcar a passagem dos dias, das semanas, dos meses e dos anos usamos o calendário.

▶ Calendário.

Atividades

1 Pinte os desenhos dos objetos que usamos para marcar a passagem do tempo.

a)

b)

c)

d)

e)

f)

Revendo o que você aprendeu

1 Abaixo de cada imagem, anote o período correto do dia.

a)   b)   c)

_____   _____   _____

2 Circule os dias da semana no poema a seguir.

A semana inteira
A segunda foi à feira,
Precisava de feijão;
A terça foi à feira,
Pra comprar um pimentão;
A quarta foi à feira,
Pra buscar quiabo e pão;
A quinta foi à feira,
Pois gostava de agrião;
A sexta foi à feira,
Tem banana? Tem mamão?
Sábado não tem feira
E domingo também não.

Sérgio Caparelli. *111 Poemas para crianças*. Porto Alegre: L&PM, 2003. p. 17.

3 Ligue os itens da primeira coluna aos da segunda para completar as frases.

a) Sete dias seguidos formam uma

manhã, tarde e noite.

b) Doze meses formam um

semana.

c) O dia pode ser dividido em

ano.

4 Observe as imagens e assinale as respostas corretas.

a) Quanto tempo se passou entre a imagem 1 e a 2?

- ☐ Um dia.
- ☐ Um mês.
- ☐ Um ano.

b) Qual instrumento pode ser utilizado para marcar essa passagem de tempo?

- ☐ Calendário.
- ☐ Relógio.

CAPÍTULO 8

A minha história

Diálogo inicial

A minha história começa muitos e muitos anos atrás. Atrás de onde?, podem perguntar vocês. E eu responderei: atrás de hoje. Ontem. Antes de anteontem. Longe, na minha memória: lá é o tempo e o espaço da minha história. Eu vou morrer um dia, porque tudo que nasce também morre: bicho, planta, mulher e homem. Mas as histórias podem durar até depois de nós. Basta que sejam postas em folhas de papel e que suas letras mortas sejam ressuscitadas por olhos que saibam ler. [...]

Ilka Brunhilde Gallo Laurito. *A menina que fez a América*. São Paulo: FTD, 1989. p. 5.

1. Qual é o significado da frase: "mas as histórias podem durar até depois de nós"?

2. Você será capaz de lembrar todos os acontecimentos de sua história?

3. Como podemos registrar nossa história?

Cada um tem sua história

Cada pessoa tem uma história.

Todos os acontecimentos da vida de uma pessoa, sejam alegres, sejam tristes, fazem parte de sua história.

Veja alguns exemplos do que faz parte da história de vida de Sofia:

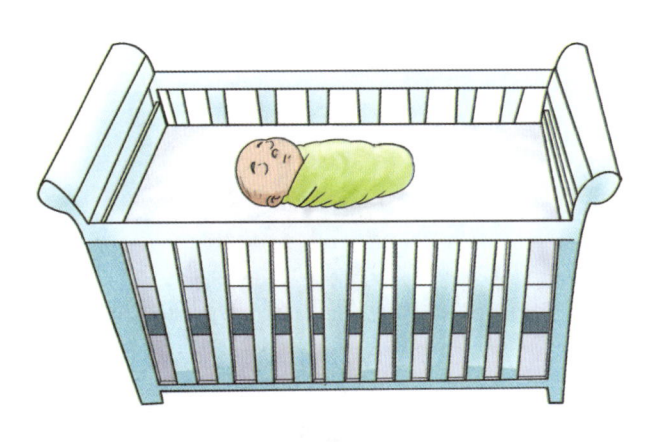

Para ir mais longe

Livro

▶ *A colcha de retalhos*, de Conceil Corrêa da Silva e Nye Ribeiro. São Paulo: Editora do Brasil, 2010.

História de uma avó que conta as histórias de sua família para o neto enquanto tece uma colcha de retalhos.

Atividades

1 Numere os desenhos na ordem que acontece a vida de uma pessoa. Depois, circule o desenho que representa a fase em que você está.

② Pinte de **azul** o quadro que indica o ano em que você nasceu e de **vermelho** o que indica o ano em que estamos agora.

2008	2009	2010	2011
2012	2013	2014	2015
2016	2017	2018	2019

Para ir mais longe

Livro

▸ A *história de cada um*, de Juciara Rodrigues. São Paulo: Scipione, 2011.

O livro conta a história de alunos que levaram para a escola suas fotografias de família e cada um ficou conhecendo a história do outro.

Registros da minha história

Durante a vida, todos nós passamos por momentos importantes.

Para lembrar desses momentos recorremos à nossa memória. Mas não conseguimos gravar tudo, por isso podemos usar registros como fotografias, vídeos, documentos oficiais (Certidão de Nascimento, por exemplo), objetos (como brinquedos, roupas), diários, cartas, bilhetes, relatos de pessoas que conviveram conosco e outras fontes.

Todos esses registros contam um pouco de nossa história.

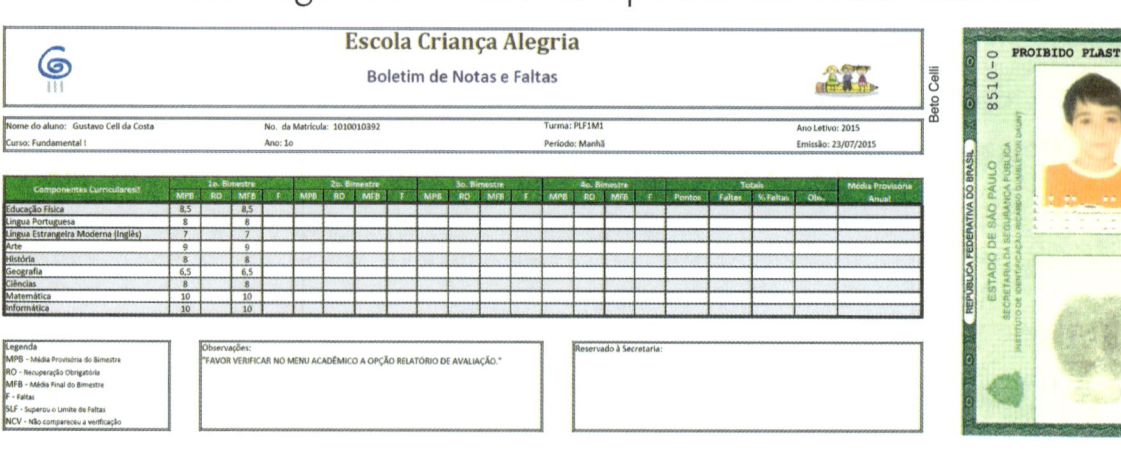

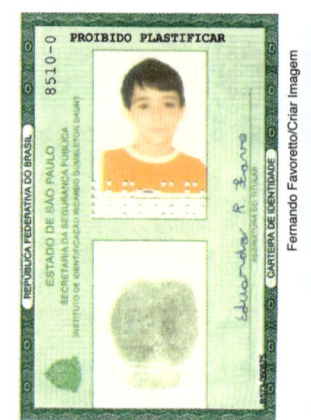

Atividades

1 Dos seus documentos, quais registram sua história?

_____

_____

_____

2 É possível reconstruir toda nossa história somente com as lembranças? Por quê?

_____

_____

_____

3 Preencha o nome dos registros que aparecem nas imagens com as letras que faltam.

a)

Olho vivo!

As letras que faltam são as vogais das palavras.

F____ t____ g r____ f____ ____.

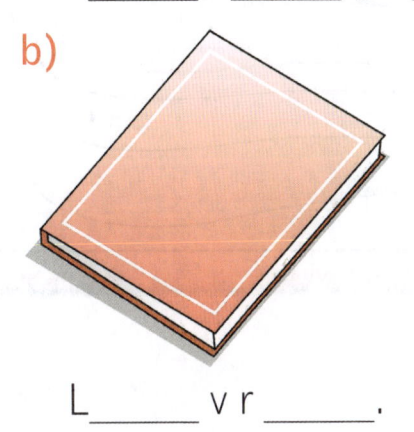

b)

L____ v r____.

c)

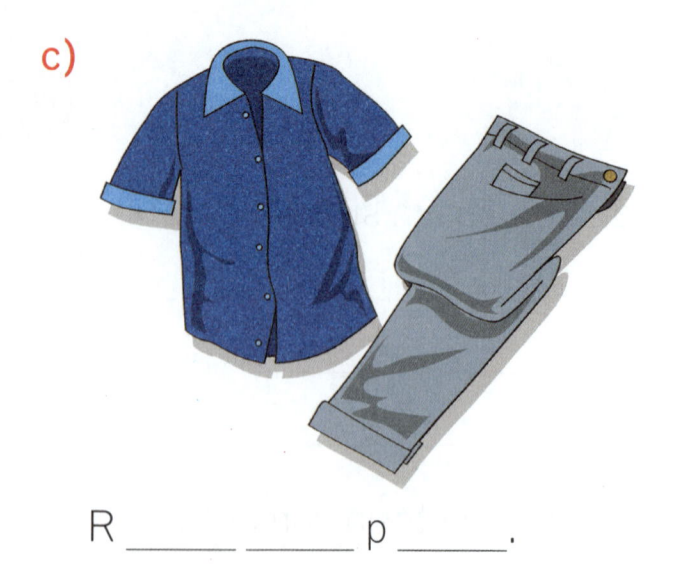

R _____ p ____.

Brincar e aprender

A mãe de Patrícia guardou um objeto muito importante para registrar a história dela. Pinte os pontos e descubra que objeto é esse.

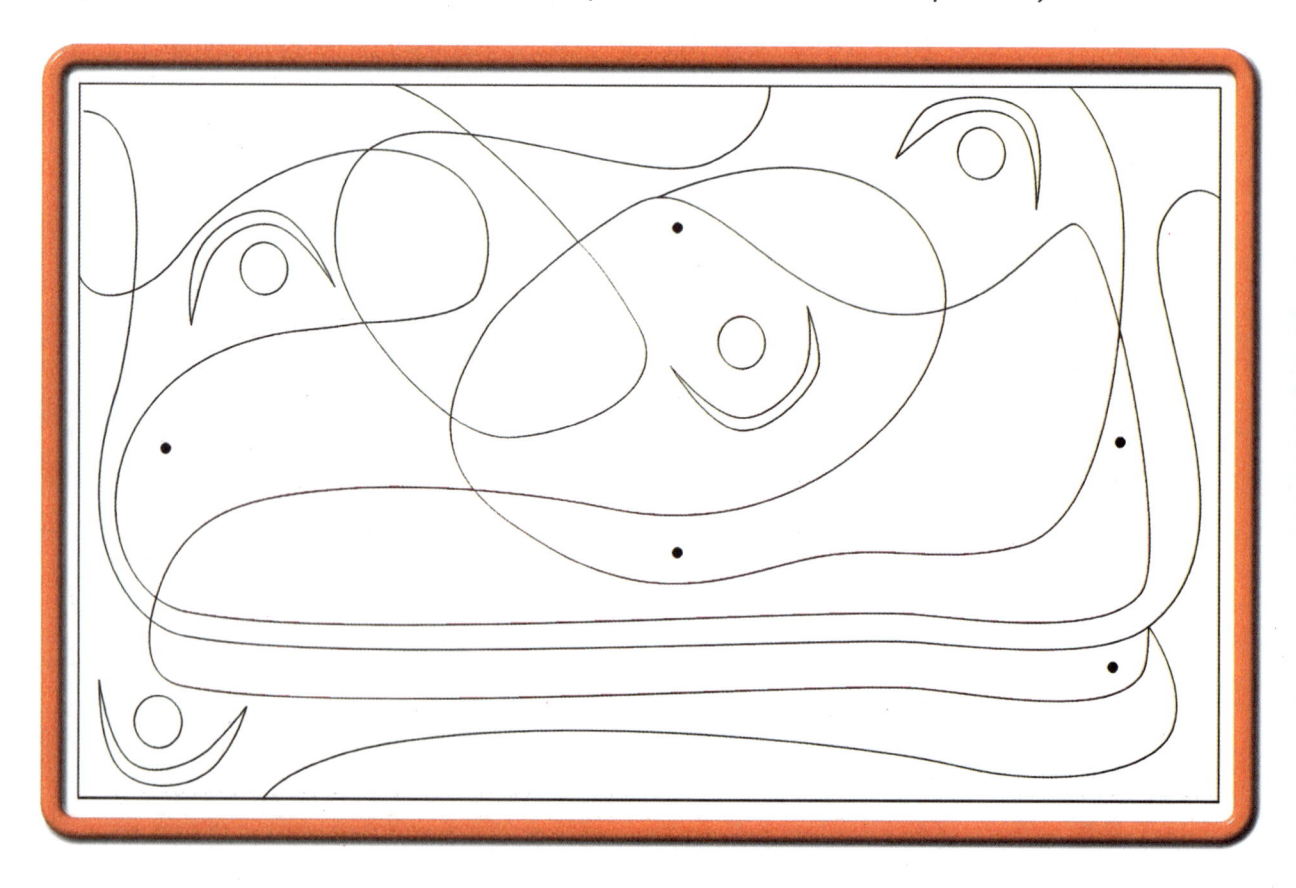

Baú de informações

Podemos organizar os acontecimentos de nossa vida fazendo uma linha do tempo.

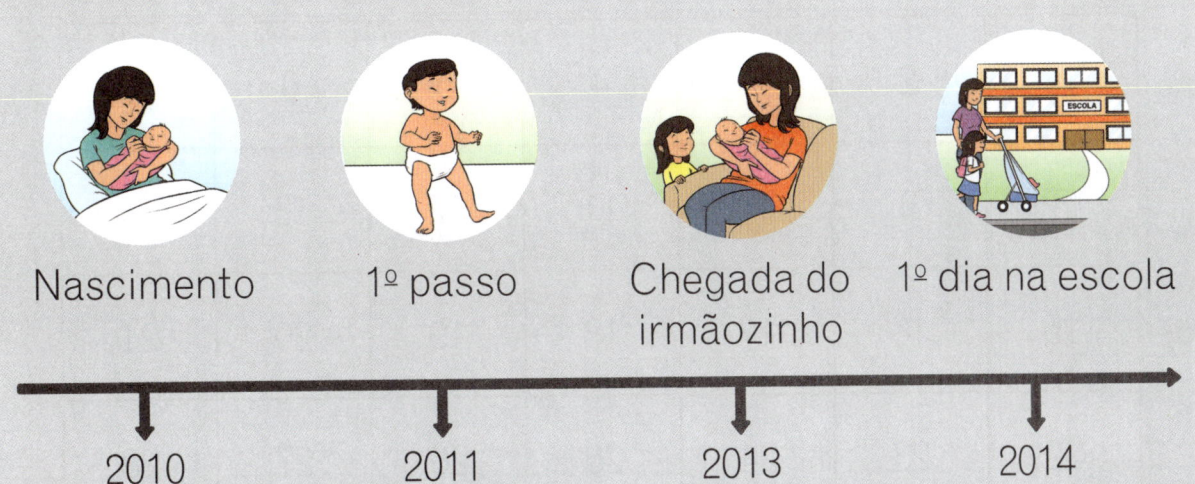

Nascimento	1º passo	Chegada do irmãozinho	1º dia na escola
2010	2011	2013	2014

1. Destaque a página 127 e monte uma linha do tempo do último ano de sua vida com a ajuda de seus pais ou dos adultos que cuidam de você.

   No espaço maior, anote o ano em que estamos. Depois, nos espaços menores, anote os meses que foram mais importantes para você.

   Por último, preencha os quadros com acontecimentos importantes. Você pode utilizar desenhos, fotografias, escritos, colagens ou adesivos.

Para ir mais longe

Livro
- *Aventura no fundo da gaveta*, de José Carlos B. de Aragão. Belo Horizonte: Miguilim, 2002.
  O livro conta a história de uma gaveta que guarda muitos objetos esquecidos e que contam a história de uma pessoa.

Revendo o que você aprendeu

1 Pinte no calendário uma data importante de sua história pessoal: o dia em que você nasceu.

1	2	3	4	5	6	7
8	9	10	11	12	13	14
15	16	17	18	19	20	21
22	23	24	25	26	27	28
29	30	31				

2 Pinte o ⬡ que indica o mês de seu nascimento.

a) ⬡ janeiro   e) ⬡ maio   i) ⬡ setembro

b) ⬡ fevereiro   f) ⬡ junho   j) ⬡ outubro

c) ⬡ março   g) ⬡ julho   k) ⬡ novembro

d) ⬡ abril   h) ⬡ agosto   l) ⬡ dezembro

3 Faça um **X** no desenho que indica o período do dia em que você nasceu.

a)

b)

4 Circule somente os desenhos que mostram as fontes em que você encontra sua história pessoal.

a)

b)

c)

d)

e)

f)

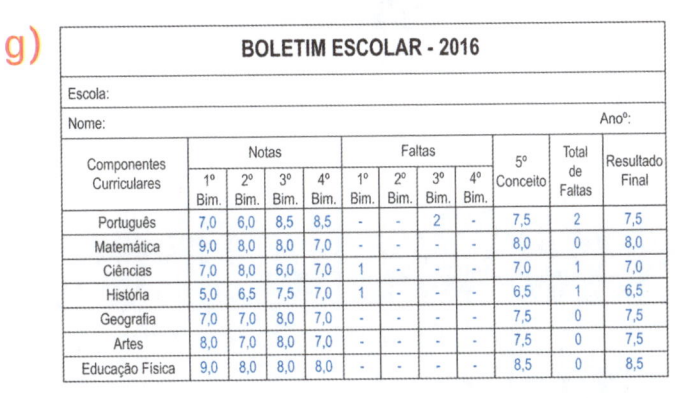

g) BOLETIM ESCOLAR - 2016

h)

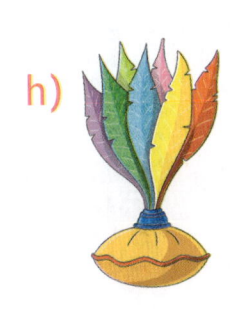

i)

j)

Atividade para casa

CAPÍTULO 1

1 VOCÊ JÁ OUVIU FALAR EM AUTORRETRATO?

AUTORRETRATO É UM DESENHO OU UMA PINTURA QUE UMA PESSOA FAZ DE SI MESMA, MOSTRANDO COMO ELA É FISICAMENTE.

UTILIZE O ESPAÇO ABAIXO PARA FAZER SEU AUTORRETRATO.

Atividade para casa

CAPÍTULO 2

1 DECIFRE OS SÍMBOLOS E ENCONTRE O NOME DE ALGUNS DOCUMENTOS MUITO IMPORTANTES QUE TODAS AS CRIANÇAS DEVEM TER.

A) ✉–A 🏪–F 🌴–RE

🐄–A +IN ❤–COR

_____

_____

B) ⚽–A +ETIM

🪥–COVA 🧴+R

_____

_____

C) 🪵–CA 🧱–JOLO +D 🧼–SAB 🦷–NTE

👃–RIZ +SCI 🪑–SA +N 🧻–ALHA

_____

_____

Atividade para casa

CAPÍTULO 3

1 NOS GRUPOS DOS QUAIS VOCÊ PARTICIPA EXISTEM REGRAS PARA SEREM RESPEITADAS E, ASSIM, HAVER UMA BOA CONVIVÊNCIA ENTRE TODOS.

DESENHE DUAS REGRAS QUE VOCÊ PRECISA RESPEITAR EM:

A) SUA CASA

B) SUA ESCOLA

Atividades para casa

CAPÍTULO 4

1 FAÇA UM DESENHO DA SUA FAMÍLIA NO ESPAÇO A SEGUIR. DEPOIS, ESCREVA O NOME DE CADA UMA DAS PESSOAS RETRATADAS.

2 PINTE OS ☐ QUE INDICAM QUAIS PARENTES CONVIVEM COM VOCÊ.

A) ☐ AVÓS
B) ☐ BISAVÓS
C) ☐ TIOS
D) ☐ PRIMOS
E) ☐ SOBRINHOS
F) ☐ IRMÃOS
G) ☐ PADRASTOS
H) ☐ PAIS

Atividades para casa

CAPÍTULO 5

1 De que você mais gosta na escola?
_____
_____
_____

2 De que você não gosta na escola?
_____
_____
_____

3 Faça um desenho de sua escola.

Atividade para casa

CAPÍTULO 6

1 Faça um desenho ou cole imagens de dois brinquedos. Depois escreva o nome de cada brinquedo que você escolheu.

Atividade para casa

CAPÍTULO 7

1 Complete as frases com o nome dos meses do ano. As imagens o ajudarão a descobrir qual é o mês.

a) Plantei uma 🌳 para comemorar seu dia em _____.

b) Em _____ aproveitei as férias e fui ao 🎡 .

c) Em _____ , quarto mês do ano, li um 📖 indicado pela professora.

d) Chegou _____ e, com ele, o 🎄 .

Olho vivo!

Os meses não estão em ordem alfabética nem na ordem em que aparecem no ano. As imagens podem se relacionar com datas comemorativas do mês ou com outras atividades, por exemplo: janeiro é mês de férias, então é bom para passear.

e) Em _____ dancei quadrilha na da escola.

f) Em _____ dei um 🎁 para a mamãe.

g) Este ano dancei muito no 🎭, que foi em _____.

h) Em _____ , terceiro mês do ano, fui a uma 🏬 com a turma da escola.

i) Em _____ aproveitei as férias para ir ao _____ .

j) Em _____ recebemos a visita de um 💂 na escola para comemorar seu dia.

k) Em _____ ganhei uma 🚲 no Dia da Criança.

l) No feriado do dia 15 de _____ , fui ao _____ do meu amigo.

Atividade para casa

CAPÍTULO 8

1 Desde que você nasceu, muitas coisas aconteceram em sua vida. Faça um pequeno livro contando um pouco de sua história.

Para não se esquecer de nada, veja os passos a seguir.

- Faça uma capa.
- Comece o livro com seu nascimento e siga até os dias atuais. Você pode citar um acontecimento por ano ou até intervalos maiores.
- Escreva os fatos que aconteceram sempre colocando algum lembrete de data, como o ano ou sua idade.
- Ilustre as páginas com fotografias, desenhos ou colagens.
- Se for possível, inclua acontecimentos ligados a outras pessoas, como seus familiares, a comunidade do bairro ou da cidade onde mora.

Quando terminar, traga o livro para a escola e mostre-o para a turma. Assim todos conhecerão melhor a história dos colegas de sala de aula.

Datas comemorativas

◈ DIA DAS MÃES – 2º DOMINGO DE MAIO

O DIA DAS MÃES É COMEMORADO NO BRASIL NO SEGUNDO DOMINGO DO MÊS DE MAIO.

AS MÃES OU AS PESSOAS QUE NOS ACOLHERAM E CUIDAM DE NÓS MERECEM CARINHO E RESPEITO EM TODOS OS DIAS DO ANO, NÃO APENAS NESSE DIA ESPECIAL.

AS MÃES PODEM SER "DE SANGUE", OU SEJA, AQUELAS QUE NOS GERARAM, OU PODEM SER "DO CORAÇÃO", OU SEJA, AQUELAS PESSOAS QUE ESCOLHERAM CUIDAR DE NÓS. ENTRE AS MÃES "DO CORAÇÃO" ESTÃO AS ADOTIVAS, AS MADRASTAS E ATÉ ALGUNS FAMILIARES, COMO AS TIAS E AS AVÓS.

ATIVIDADE

1 PARA HOMENAGEAR SUA MÃE OU A PESSOA QUE CUIDA DE VOCÊ, VAMOS PINTAR?

MATERIAL:
- 1 PRATO DE PAPELÃO RETANGULAR;
- 1 FOLHA DE PAPEL SULFITE;
- PEDAÇOS DE PAPEL COLORIDO;
- GIZ DE CERA;
- PURPURINA;
- COLA.

COMO FAZER

1. NA FOLHA DE PAPEL SULFITE, FAÇA UM DESENHO – PODE SER UMA FLOR, VOCÊ E SUA MÃE JUNTOS, O QUE PREFERIR.

2. COLE PAPÉIS COLORIDOS NO DESENHO E PINTE-O COM GIZ DE CERA.

3. DEPOIS, COLE-O NO CENTRO DO PRATO DE PAPELÃO E USE A PURPURINA PARA DECORAR O RESTANTE, QUE SERÁ A MOLDURA DE SUA PINTURA.

DIA DO AMIGO – 20 DE JULHO

AMIGO É UMA PESSOA COM QUEM GOSTAMOS DE ESTAR, DE CONVERSAR, DE BRINCAR, POR QUEM TEMOS UM CARINHO ESPECIAL E PARA QUEM CONTAMOS NOSSOS SEGREDOS.

TER UM OU VÁRIOS AMIGOS É SEMPRE BOM. AMIZADE NÃO TEM IDADE!

ATIVIDADE

1 VOCÊ CONHECE ESTA TURMA? IDENTIFIQUE QUEM É CADA UM DESSES GRANDES AMIGOS E, DEPOIS, PINTE-OS.

Dia dos Pais – 2º domingo de agosto

O Dia dos Pais é comemorado no Brasil no segundo domingo de agosto. Alguns países comemoram em outras datas, e em outros países não é comemorado.

No Dia dos Pais, lembre-se de dar um abraço e um beijo carinhoso no papai ou na pessoa que cuida de você. Esse é o maior presente que podemos dar para essa pessoa especial.

Atividade

1 Para homenagear seu pai ou responsável, preencha o diploma a seguir. Depois, recorte e entregue para ele.

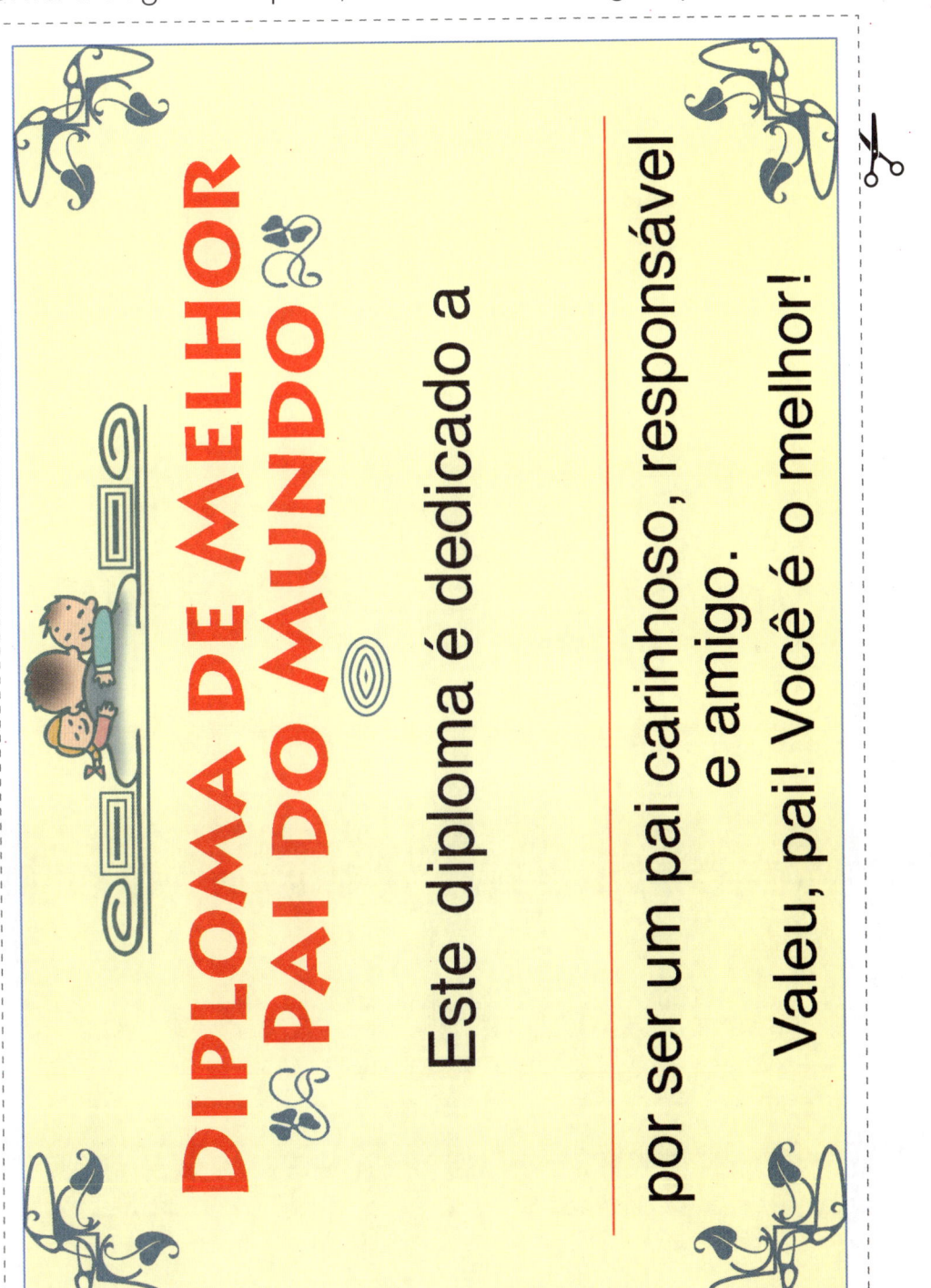

DIPLOMA DE MELHOR PAI DO MUNDO

Este diploma é dedicado a _____

por ser um pai carinhoso, responsável e amigo.

Valeu, pai! Você é o melhor!

Dia da Criança – 12 de outubro

O Dia da Criança é comemorado no Brasil com muita festa e alguns presentes. Mas o mais importante nesse dia não é ganhar presentes, e sim se lembrar dos direitos das crianças, como o de ter família, casa para morar, hora e lugar para brincar, alimentar-se, ir à escola, entre outros.

É triste saber que muitas crianças não têm esses direitos respeitados.

▶ Brincar, receber amor e proteção são apenas alguns dos direitos das crianças.

Atividade

1 O desenho abaixo representa alguns significados do que é ser criança. Observe cada um e pinte-os.

BRINCAR E TER AMIGOS

ESTUDAR

RECEBER CARINHO

Encartes

ENCARTE DA ATIVIDADE 3 DA PÁGINA 31.

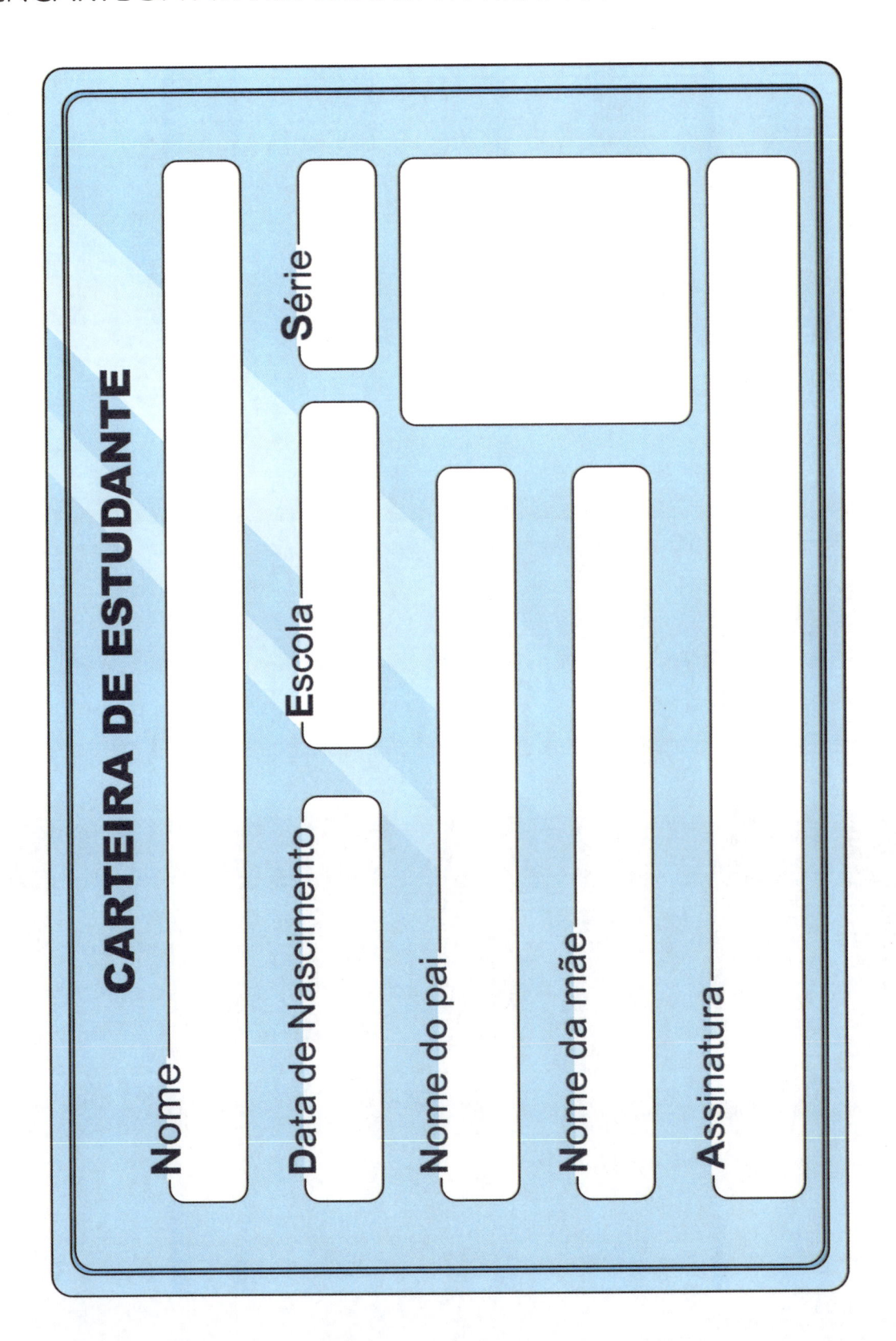

CARTEIRA DE ESTUDANTE

Nome

Data de Nascimento

Série

Escola

Nome do pai

Nome da mãe

Assinatura

ENCARTE DA ATIVIDADE 1 DA PÁGINA 66.

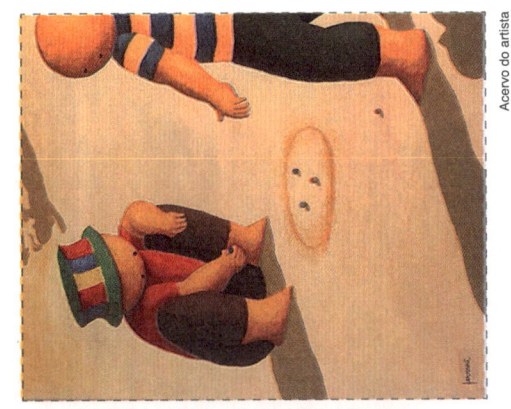

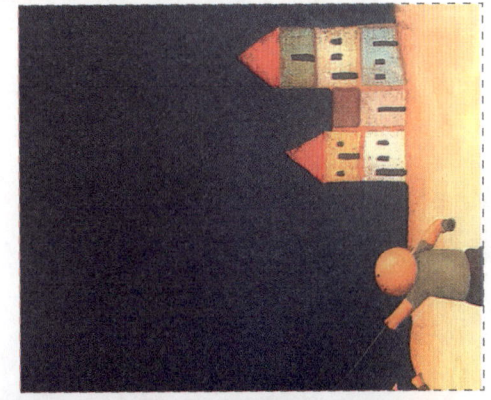

ENCARTE DA ATIVIDADE 2 DA PÁGINA 75.

Acervo do artista

ENCARTE DA ATIVIDADE 1 DO **BAÚ DE INFORMAÇÕES** DA PÁGINA 101.

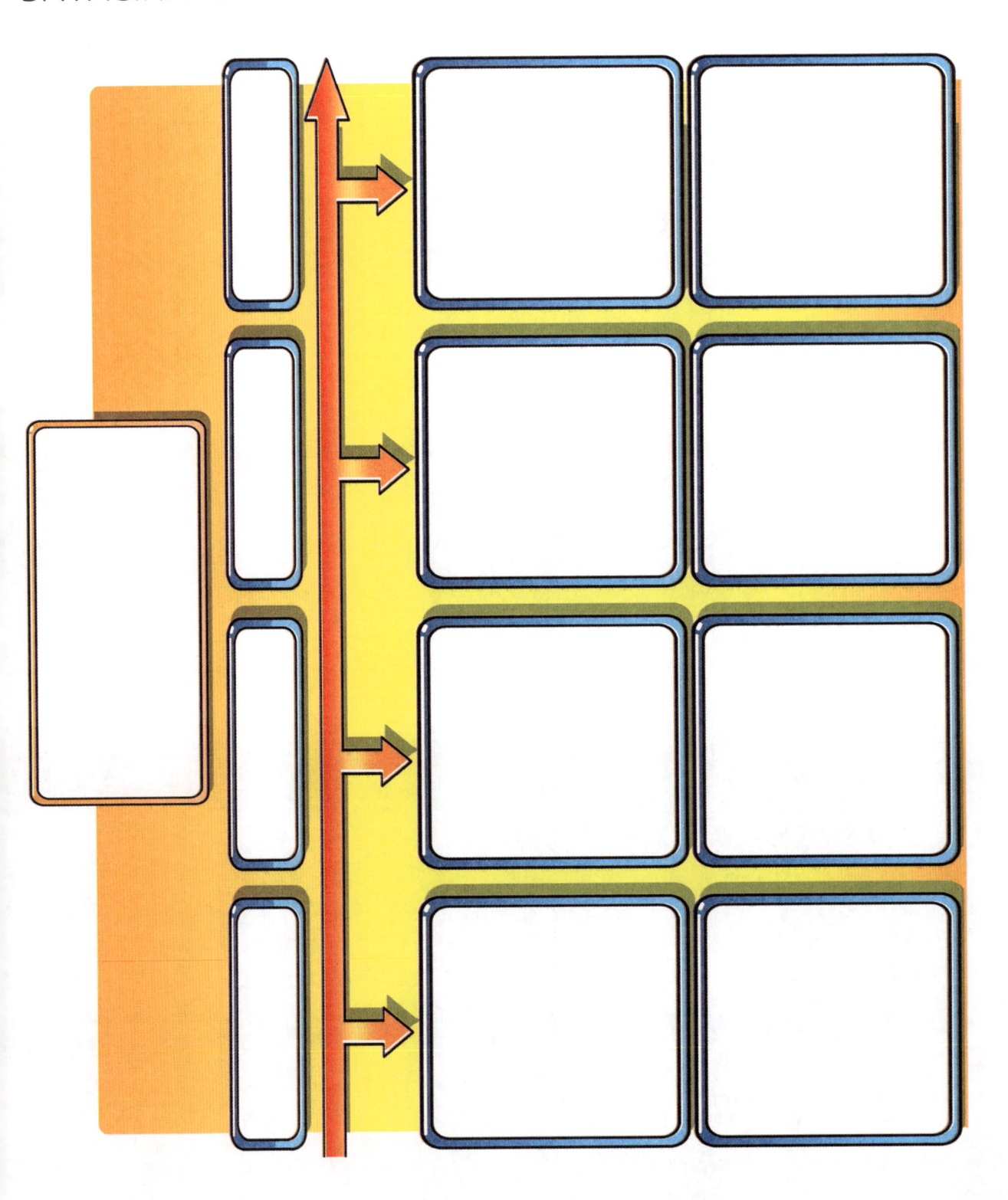